中国环境规划政策绿皮书

中国环境税收政策发展报告 2020

China's Report on Environmental Tax Policy 2020

龙　凤　葛察忠　毕粉粉　等/编著

中国环境出版集团·北京

图书在版编目（CIP）数据

中国环境税收政策发展报告. 2020/龙凤等编著. —北京：中国环境出版集团，2022.6
（中国环境规划政策绿皮书）
ISBN 978-7-5111-5168-1

Ⅰ. ①中… Ⅱ. ①龙… Ⅲ. ①环境税—税收政策—研究报告—中国—2020 Ⅳ. ①F812.422

中国版本图书馆 CIP 数据核字（2022）第 093097 号

出 版 人 武德凯
责任编辑 葛 莉
责任校对 薄军霞
封面设计 彭 杉

出版发行 中国环境出版集团
（100062 北京市东城区广渠门内大街 16 号）
网 址：http://www.cesp.com.cn
电子邮箱：bjgl@cesp.com.cn
联系电话：010-67112765（编辑管理部）
发行热线：010-67125803，010-67113405（传真）
印 刷 北京中科印刷有限公司
经 销 各地新华书店
版 次 2022 年 6 月第 1 版
印 次 2022 年 6 月第 1 次印刷
开 本 787×1092 1/16
印 张 9.5
字 数 120 千字
定 价 66.00 元

《中国环境规划政策绿皮书》编委会

《中国环境税收政策发展报告 2020》
编 委 会

执行摘要

环境税是国家采用税收手段调控经济主体行为、直接或间接促进环境保护的各种税收总称，既包括以环境保护为基本目标的环境保护税收，即独立型环境保护税收，也包括那些政策目标虽非环境保护但是客观起到环境保护目的的税收，还包括具有环保功能的税式支出政策。近年来，国家陆续出台一系列环境税收政策，逐步推进以环境保护税为核心，以资源税、消费税、增值税、企业所得税、车辆购置税、车船税等税种绿色化为辅助，涵盖资源开采、生产、流通、消费、排放 5 大环节 7 个税种的生态环境税收体系的构建。这有利于进一步优化我国税制结构，推动生态文明税制体系的建设，助力经济高质量转型和美丽中国目标的实现。

我国环境税收政策在“十三五”期间取得了积极进展，引导和推动污染防治和生态环境保护的作用显著加强。2020 年是全面建成小康社会和“十三五”规划的收官之年，也是打好污染防治攻坚战的决胜之年，同时经济社会也面临着新冠病毒肺炎疫情带来的严重冲击。环境税收政策在支撑生态环境保护融入宏观经济发展中发挥越来越重要的作用。2020 年 2 月，中共中央办公厅、国务院办公厅印发了《关于构建现代环境治理体系的指导意见》，提出加强财税支持，严格执行《中华人民共和国环境保护税法》，贯彻落实好现行促进环境保护和污染防治的税收优惠政策。2020 年全年环境保护税收总额为 207 亿元，同比下降 6.4%；收入规模、税目收入结构、行业收入结构基本稳定，推动了行业绿色发展和企业清洁生产；征收管理协作机制进一步完善，国家税务总局办公厅、生态环境部办公厅印发《关于深化环境保护税征管协作的通知》，开展财产和行为税“十税合一”申报改革试点工作等。自2020年9月1日起，《中华人民共和国资源税法》（以下简称《资源税法》）正式开始实施，在我国实施27年的《中华人民共和国资源税暂行条例》随之废止。《资源税法》的实施有利于促进国有资源的合理开发使用和生态环境协调可持续发展，对于构建绿色税制体系，促进中国税收法定进程有着重要意义。2020年新能源汽车免征车辆购置税政策继续延长，从事二手车经销的纳税人销售其收购的二手车可按简易办法依照 3%征收率减按0.5%缴纳增值税。多项税收政策并举有利于促进绿色交通消费，助力我国消费结构绿色转型升级。增值税优惠政策有效推进磷石膏资源综合利用行业发展，2020年我国磷石膏产品质量逐渐提升，部分省（区、市）的磷石膏综合利用率显著提高。

本书分别分析了环境保护税、资源税、交通类环境税收、其他税收绿色化政策的 2020 年度实施进展、存在的问题以及完善建议。附录部分梳理了 2020 年出台的有关环境税的主要政策法规文件清单，以及国家层面出台的有关环境税的法规文件全文。中国环境税收政策年度发展报告由生态环境部环境规划院环境保护税研究中心（以下简称“中心”）牵头编制，系统呈现我国环境税收政策实施的年度进展。中心多年来一直开展环境税费政策研究，积极配合生态环境部和有关部委提供决策技术支撑。中心将联合有关单位继续深化环境税费政策研究，持续编撰中国环境税收政策年度发展报告，跟踪评估环境税收政策发展变化，不断完善报告分析方法、丰富报告内容、提升报告深度。

希望该书能够成为社会各界研究和了解我国环境税收政策年度实践进展的参考书、工具书，也希望通过分享交流，助力我国环境税收政策研究与决策。有必要指出的是，由于编写人员的能力水平有限以及资料占有的局限性，书中的一些结论可能会存在争议，希望诸位同仁一起，多加探索交流，也恳请广大读者批评指正。

Executive Summary

Environmental tax is the general term for various taxes that promote environmental protection, directly or indirectly, by regulating the behavior of economic entities through taxation measures adopted by the State. It encompasses taxes aimed at environmental protection, that is, stand-alone environmental taxes; taxes that objectively serve the purpose of environmental protection though not designed for this purpose; and tax expenditures helpful for environmental protection. In recent years, China has successively launched a series of environmental tax policies to build, step by step, an ecological and environmental tax system. This system contains seven taxes imposed on resource exploitation, production, circulation, consumption and emission, of which environmental protection tax is put at the core and supplemented by resource tax, consumption tax, value-added tax, corporate income tax, vehicle purchase tax, and vehicle tax, as well as other green taxes. Such system will further optimize tax structure, promote an ecologically civilized tax system, and contribute to high-quality economic transition towards a beautiful China.

China's environmental taxation has made positive progress during the 13th Five-Year Plan period, and has strengthened pollution prevention and ecological and environmental protection. 2020 is the last year of the 13th Five-Year Plan and the completion of building a moderately prosperous society, and is also an important timing for pollution prevention and control, while the economy and society are also being seriously impacted by the COVID-19. Environmental tax is playing an increasingly important role in supporting the integration of ecological and environmental protection into macroeconomic development.In February 2020, the General Office of the CPC Central Committee and the General Office of the State Council issued the *Guiding Opinions on Building a Modern Environmental Governance System*, which proposed to strengthen financial and taxation support, strictly enforce the environmental protection tax laws, and implement the existing tax preferential policies to promote environmental protection and pollution prevention. In 2020, the annual environmental protection tax amounted to 20.7 billion yuan in total, decreasing by 6.4% than the last year. The tax revenue volume, tax revenue structure and industry revenue structure are basically stable. The green development of the industry and the collection and administration mechanism on enterprises' clean production is further improved. The *Notice on Deepening Collaboration in the Collection and Administration of Environmental Protection Tax* was issued, and the pilot reform, "10 Taxes in One" policy, on the declaration of property and behavior tax has been carried out. Since September 1st, 2020, the Resource Tax Law (RTL) has been officially implemented, and the Implementing Regulations on Resource Tax, which has been implemented in China for 27 years, has been abolished. The implementation of RTL is conducive to promoting the rational development and utilization of state-owned resources, as well as the coordinated and sustainable development of the ecological environment, and is of great significance to the construction of a green tax system and the legislation of taxation in China. In 2020, the exemption policy of vehicle sales tax for electronic vehicles will continue to be extended, and according to the simple method, second-handed vehicles operators will enjoy a 0.5% discount on VAT based on the original 3% rate. Multiple taxation is conducive to promoting green transportation consumption and facilitating China's green transformation and upgrading on consumption structure. VAT preferential policies effectively promote the development and comprehensive utilization of phosphogypsum resources and industry. In 2020, phosphogypsum product quality in China has been gradually improving, and comprehensive utilization rate of phosphogypsum in some provinces has increased significantly.

This book analyzes the progress, problems, and suggestions for improvement of environmental protection tax, resource tax, environmental tax for transportation, and other greening taxation for 2020. The Appendix lists the main policies and regulations on environmental taxation in 2020, as well as the full text of national environmental tax laws and regulations. The Annual Report prepared by The Center for Environmental Tax of Chinese Academy of Environmental Planning (hereinafter referred to as "the Center") systematically showcases the annual progress of the implementation of China's environmental taxation. The Center has been studying environmental taxation for many years and actively cooperating with MEE and other relevant ministries to provide technical support for decision-making. The Center will continue to advance the research on environmental taxation, follow up and evaluate the development of environmental taxation, and provide *Reports* with better analysis and more contents.

It is hoped that the book can become a reference and a tool for the industry to study and understand the annual progress of China's environmental taxation practices, and that the book can make contributions to China's environmental taxation research and decision-making through sharing and exchange. However， disputes may exist in some of the conclusions in the book due to the authors' limited capabilities， and we are looking forwards to the engagement and interaction of everyone in the industry， and we expect readers to give comments and criticism.

目录

目录

1 环境保护税政策

1.1 进展情况

1.1.1 征收情况

《中华人民共和国环境保护税法》（以下简称《环境保护税法》）于2016年12月25日颁布，自2018年1月1日起施行，对大气污染物、水污染物、固体废物和噪声4大类污染物、共计117种主要污染因子进行征税。作为绿色税制的主体，环境保护税的开征是税制绿色化进程的里程碑，标志着我国绿色税制建设进入法治化、专业化和精细化阶段，强化了税收这一政策工具对于生态环境的保护力度，为我国生态文明建设提供了全新动力。从全球范围来看，在国家层面推出独立的环境保护税以推动绿色发展还是首次，彰显了我国作为负责任大国在应对环境问题上的责任和担当[1]。

（1）实现排污费改环境保护税平稳过渡

一是税收规模稳定。2018—2020年入库环境保护税总额为580亿元，

2018年、2019年、2020年分别为151亿元[①]、221亿元、207亿元，与2017年排污费入库额（220亿元）基本持平，年均减免额约98亿元，远高于排污费减免额（20亿元左右）。2020年4个季度的环境保护税总额分别是55亿元、46亿元、53亿元和53亿元，收入规模总体稳定。纳税人户数从26.7万户上升为46.2万户。二是税目收入结构稳定。大气污染物环境保护税收入占比超过89.5%，水污染物环境保护税收入占比超过6.9%，固体废物环境保护税收入占比为2.2%，与排污费结构基本一致。三是行业收入结构稳定。环境保护税分行业入库税额中，制造业入库税额最高，三年入库税额分别为84亿元、108亿元和92亿元；其后依次是电力、热力、燃气及水的生产和供应业、采矿业。四是各省（区、市）收入占比稳定。河北、山西、内蒙古、江苏、山东五省（区）合计收入占全国环境保护税收入比重每年都在50%左右，环境保护税收入与区域经济发展、产业结构密切相关。

（2）推动了行业绿色发展和企业清洁生产

一是促进行业绿色发展。调查走访企业普遍反映，征收环境保护税对推动行业绿色发展有显著的促进作用。调查问卷表明，65%的企业认为环境保护税促进了行业绿色发展，对火电、钢铁、水泥、化工等行业的绿色转型发展有明显的推动作用。二是推动清洁生产和技术改造。72%的企业认为环境保护税有利于推动企业实行技术升级改造、实施清洁生产。某水泥集团开展脱硫、脱硝、电改袋、廊道封闭等技术改造，多条生产线已实现超低排放，氮氧化物、二氧化硫、一般性粉尘排放浓度低于地方标准60%以上，享受减免50%环境保护税的优惠。

---

① 2018年为环境保护税开征首年，第四季度税额纳入次年统计，故2018年数据为前三季度征收税额。

（3）以税收手段推动完善环境保护市场机制

环境保护税对企业生态环境保护行为的杠杆作用逐步显现。一是绿色税收激励与约束作用日益增强。环境保护税是绿色税收制度的重要组成部分，与资源税、消费税、增值税、所得税等税制协同配合，形成了对企业采购、生产、销售、使用与排放全过程的激励与约束机制。调查结果显示，环境保护税的实施使 83%的企业提高了对环境保护的重视程度，使 75%的企业加强了污染治理和减排，推动 67%以上的企业增加了环保投入。二是税收激励机制促进企业减少污染物排放。根据污染物实际排放量征收环境保护税，建立了“多排多征、少排少征、不排不征”的正向激励机制。纳税人申报的主要大气污染物二氧化硫、氮氧化物排放量年均降幅分别为 3.5%、3.1%，主要水污染物化学需氧量、氨氮排放量年均降幅分别为 3.8%、3.3%，在助力打好污染防治攻坚战中发挥了积极的税收激励作用。三是阶梯减税政策促进了企业进一步降低污染物排放浓度。《环境保护税法》依据排放浓度设置了两档减税优惠，引导企业主动加强末端治理、降低污染物排放浓度。纳税人因低标排放累计享受减税优惠 102.6 亿元，参与调查的企业有 68.7%享受到减税优惠。四是促进了污水集中处理和固体废物综合利用。环境保护税对企业污水进入集中处理场所不征税，对城乡污水集中处理场所达标排放实行免税，引导集中处理污水。累计 3 万余户企业由直接向环境排放改为通过市政管网排放污水，累计 1.6 万家城乡污水处理场所实现达标排放，享受免税 152.2 亿元。落实固体废物综合利用免税优惠政策，累计免税 39.9 亿元[2]。据统计，2020 年黄河流域各省（区）纳税人申报的主要大气污染物二氧化硫、氮氧化物排放量分别下降 9.0%、16.2%，主要水污染物化学需氧量、氨氮排放量分别下降 18.1%、16.2%，有近 700 家企业由直接向外排放污染物改为排入管网集中处理[3]。

（4）征收管理协作机制基本建立

相关部门发布了《关于全面做好环境保护税法实施准备工作的通知》（财税〔2017〕62 号）、《环境保护税涉税信息共享平台建设方案》（环办厅函〔2017〕2019 号）、《关于环境保护税有关问题的通知》（财税〔2018〕23 号）、《关于明确环境保护税应税污染物适用等有关问题的通知》（财税〔2018〕117 号）等文件，对环境保护税实施的技术规范、计量方法、信息平台、征收管理等做了具体规定，并组织培训超过 10 万人次。一是建立工作协商机制。生态环境部、财政部、国家税务总局调度环境保护税工作进展，及时分析实施过程中的问题，积极提出解决措施。2020 年，国家税务总局办公厅、生态环境部办公厅印发了《关于深化环境保护税征管协作的通知》，对加强协作配合、完善信息共享、落实比对复核机制等做出规定。二是搭建了环境保护税涉税信息共享平台。企业的排污许可、污染物排放、环境违法和受行政处罚情况、环境保护税缴纳情况等信息被定期共享至涉税信息共享平台，供税务机关进行纳税资料审核比对，以及生态环境部门开展污染物排放数据交叉校核。三是逐步完善了复核机制。规范了复核文书流程，细化了复核提请条件，推动开展线上复核工作。税务机关根据生态环境部门传递的环境违法处罚信息、复核反馈信息，追征税款 10.6 亿元。

专栏 1-1　环境保护税促进调节企业环境行为

环境保护税在调节企业环境行为方面持续发挥作用，使越来越多的企业从“被动减排”走向“主动治污”。新疆某有限公司是一家生产销售电解铝的企业，这几年一直在享受绿色发展的红利。2020 年，公司投入 1 000 多万元对 4 条铝锭生产线进行技术改造。改造后，应税污染物排放量和排放浓度双双下降，脱硫废水也同步实现循环利用。2020年，企业较2019年少缴纳环境保护税180万元，降幅达42%。此外，仅水费一项，全年还可节约300万元。重庆某发电公司5年来投入近12亿元进行发电机组的超低排放改造、环保设施技术改造、全厂节水及废水综合治理改造。目前，公司各项污染物排放量全面优于超低排放要求。2018—2021年第一季度，公司总计减免环境保护税724.5万元，购买节能节水、环境保护、安全生产设备抵减企业所得税200余万元[4]。辽宁某钢铁集团每年产生钢渣、高炉水渣等固体废物近1 000万t，投入上亿元对冶炼废渣实施综合开发利用，已开发出精渣钢、矿渣粉等11个冶金渣系列产品。固体废物综合利用可以享受减免税优惠，企业没有高额的环境保护税支出，生产的环保新材料每年还能增加收益2亿元[5]。

专栏 1-2　江西省环境保护税征收情况

江西省积极发挥税收职能和环境保护税调节作用，鼓励企业节能减排，促进绿色生产。2018—2020年，全省共征收环境保护税9亿多元，其中对大气污染物征税约6.5亿元，对水污染物征税约2亿元，对固体废物征税约0.4亿元，对噪声征税约0.1亿元。全省550户企业污染物排放低于或者符合国家排放标准，共计减免税额2.8亿元。大气污染物以氮氧化物、一般性粉尘和二氧化硫为主。2018—2020年，全省对上述3类污染物征收的环境保护税占对大气污染物征收总税款的比重分别为43.2%、23.5%和19.5%，合计占比达86.2%。水污染物以化学需氧量、悬浮物和氨氮为主。2018—2020年，全省对上述3类污染物征收的环境保护税占对水污染物征收总税款的比重分别为46.4%、9%和5.6%，合计占比达61%。固体废物主要集中在煤矸石、尾矿和冶炼渣三类。2018—2020年，全省对上述3类固体废物征收的环境保护税占对固体废物征收总税款的比重分别为44.7%、17.2%和13.3%，合计占比达75.2%。

污染源主要集中在制造和采矿等行业。在目前申报的91个行业中，征收税款排名前5名的行业分别是非金属矿物制品业、黑色金属冶炼和压延加工业、非金属矿采选业、有色金属矿采选业、有色金属冶炼和压延加工业，合计占比达63.4%。生态环境部门与税务机关建立“环保处罚—税款追征”常态化管理机制，共同跟进环保大督察工作，联合进行惩戒。全省环境保护税纳税人从2017年（环境保护税开征前）的8 678户增加至2020年的17 339户，增长99.8%，使更多的排污企业被纳入污染防治监管体系[6]。

1.1.2 政策进展

为进一步发挥征管协作优势，提升环境治理能力，2020年，国家税务总局办公厅、生态环境部办公厅联合发布了《关于深化环境保护税征管协作的通知》（税总办发〔2020〕30号），就健全环境保护税征管协作工作机制、完善环境保护税涉税信息共享机制和落实环境保护税常态化复核机制提出了进一步的工作要求。各地积极落实通知要求，进一步明确分工职责，完善征管协作机制和信息共享平台建设。

开展财产和行为税“十税合一”申报改革试点工作。为进一步推进纳税缴费便利化改革，持续提升为市场主体服务的水平，加快打造市场化、法治化、国际化税收营商环境，2020年9月，国家税务总局等十三个部门联合发出《关于推进纳税缴费便利化改革优化税收营商环境若干措施的通知》（税总发〔2020〕48号），要求加快推进财产和行为税一体化纳税申报，进一步简并申报次数。财产和行为税“十税合一”申报改革，是当纳税人申报城镇土地使用税、房产税、车船税、印花税、耕地占用税、资源税、土地增值税、契税、环境保护税和烟叶税中的一个或多个税种时，可以使用一张财产和行为税纳税申报表。财产和行为税合并申报后，多个报表合成一张，既节约了纳税人的时间，也提升了税务机关的征管质效。江苏、安徽、海南、重庆、宁波五地财产和行为税“十税合一”申报改革试点平稳落地；征期内，试点地区共有291.3万户次纳税人完成财产和行为税合并申报。试点地区财产和行为税合并申报工作运行良好，改革取得初步成功。国家税务总局将与试点地区税务机关进行充分交流并总结经验，进一步完善信息系统，尽快提炼形成一整套可推行的制度、规范、软件和教材等，为下一步在全国推广树立样板。通过此次改革，税务机关对整个申报流程进行了优化升级，将10个税种申报统一到一个入口，对表单和数据项进行全面梳理整合，纳税人填报表单数量减少约2/3，数据项减少约1/3。这对于解决环境保护税计算申报复杂的问题发挥一定的作用。

辽宁省调高应税大气污染物和水污染物环境保护税适用税额标准。2020年5月11日，辽宁省第十三届人民代表大会常务委员会第十八次会议通过了《辽宁省人民代表大会常务委员会关于批准辽宁省应税大气污染物和水污染物环境保护税适用税额调整方案的决议》，将大气污染物中的二氧化硫和氮氧化物的适用税额上浮至2.4元/污染当量（上浮100%），其他维持1.2元/污染当量不变；将水污染物中的化学需氧量和氨氮的适用税额上浮至2.8元/污染当量（上浮100%），其他维持1.4元/污染当量不变。调整方案自2020年7月1日起施行。调整方案主要考虑到上述4项污染物为辽宁省主要污染物（占全部污染物的68%），也是国家总量控制的重点污染物，实行较高税额有利于促进企业加大环保设备投入、减少排放。调整后，辽宁省环境保护税适用税额居于全国中游水平。

四川省发布环境保护税应税污染物排放量抽样测算方法。《环境保护税法》第十条规定了应税污染物排放量的计算方法和顺序，依次为自动监测数据法、监测数据法、排污系数和物料衡算法、抽样测算法。其中，抽样测算法由省级人民政府生态环境主管部门制定和发布。截至2020年年底，全国各省（区、市）均已发布适用于本地的抽样测算方法，涉及畜禽养殖、餐饮娱乐服务、医院、建筑施工、煤炭堆存装卸等行业。2020年3月，四川省生态环境厅对本省抽样测算方法进行了更新，发布了《四川省环境保护税应税污染物排放量抽样测算方法》（四川省生态环境厅公告　2020年第1号），规定了无法进行实际监测或者物料衡算的第三产业小型排污者和施工扬尘两个行业相关污染物排放量的核算方法，弥补了监测和排污系数方法的缺漏。2018年发布的《四川省环境保护税应税污染物排放量抽样测算方法（试行）》同时废止。

1.2　问题分析

环境保护税与相关制度之间衔接不够紧密。一是与排污许可制、生态环境保护规划衔接不足。排污许可制是固定源管理的基础，现行排污许可证制度要求企业报告的污染物排放情况与环境保护税要求申报的排污信息并不完全吻合，对排放量核算方法、污染物种类等要求存在不一致的地方。此外，在生态环境保护规划中，对环境保护税的作用突出不够。二是与排污交易政策没有充分协调。环境保护税和排污交易制度是我国实施的两项主要环境经济政策，都是基于外部性理论，促使环境外部成本内部化。在两种政策并行的现状下，对二者的协调性有着较高的要求，但是目前二者之间，尤其是定价机制还没有很好地协调起来。环境保护税开征以前，排污费制度对污染物的收费标准较低，且我国施行排污权有偿分配之前一直采用的是免费分配方式。在这个阶段，两种制度对于污染排放企业造成的排污成本较低，两种政策的矛盾并不突出。随着环境保护税制度和排污交易制度的不断完善，对两种政策的定价机制就需要进行统筹考虑。对于排污交易制度覆盖的4项主要污染物，存在着企业同时为污染物支付排污交易费用和环境保护税费的情况。两种政策针对同一种污染物重叠运用时，如果不能协调好二者的定价机制，可能会给企业带来困惑和过重的负担。

减排激励作用没有充分发挥。一是减税优惠力度有待加强，差异化调节力度不够。随着治理水平提高，排放浓度不断下降，企业的边际治理成本呈递增趋势。但是《环境保护税法》仅规定了两档减税优惠，跨度比较大，优惠形式单一，激励引导作用没有充分发挥。尤其是达到超低排放的企业最高也只能享受到减半的优惠。增加减税优惠档位和减税优惠形式可以充分发挥环境保护税的激励作用，使更多的企业通过采取进一步减排措施享受减税优惠。二是污水处理厂达标免税政策不利于水污染控制。根据《第二次全国污染源普查公报》，2017 年全国城镇、工业、农村各类污水处理厂（设施）共处理污水 652.14 亿 m^3，其中城镇污水处理厂处理水量占 91.4%。城镇污水处理厂成为水污染物排放的大户，出现了大量工业企业借道城镇污水处理厂排污的现象。污水处理厂的达标免税规定弱化了环境保护税的调节能力，也不符合污染者付费的原则。《城镇污水处理厂污染物排放标准》（GB 18918—2002）一级标准 A 标准 COD 为 50 mg/L，仍然达不到《地表水环境质量标准》（GB 3838—2002）V 类水的标准。现行达标排放免税的规定会造成排污单位在达到规定的排污标准之后，缺乏进一步减排的积极性。

对固体废物的调节作用没有充分发挥。我国固体废物种类繁多、成分复杂，各地的产废情况差别较大，综合利用率仍然不高。根据《第二次全国污染源普查公报》，2017 年一般工业固体废物综合利用率仅为53%。《环境保护税法》税目税额表中只明确了煤矸石、尾矿、危险废物、冶炼渣、粉煤灰、炉渣这几类具体的固体废物，对于其他固体废物的具体征收范围，则授权省（区、市）人民政府研究提出。目前，环境保护税已开征三年，只有重庆将其他固体废物的征税范围明确为脱硫石膏、磷石膏、赤泥和工业污泥，并征收相应环境保护税。其他省（区、市）都没有明确其他固体废物的具体征收范围，也不能征收相应的环境保护税。

对挥发性有机物和二氧化碳调控不足。目前，我国大气污染治理核心是抓好臭氧和 $PM_{2.5}$ 的协同治理，而协同治理的关键是要做好 VOCs 减排和治理。VOCs 已成为我国“十四五”时期大气环境管理的重点防控污染物，并将纳入“十四五”生态环境保护规划考核指标体系。环境保护税 44 种大气应税污染物中，有 18 种污染物属于 VOCs，不能代表企业挥发性有机物总体排放水平。目前，已经鉴定出来的 VOCs 种类多达 300 多种，纳入我国排放标准等管控的约有 70 种。而排污许可制、环境统计等环境管理制度主要是对非甲烷总烃（NMHC）和总挥发性有机物（TVOC）这类综合性的控制指标进行管控，可以表征多种 VOCs 污染物，但是非甲烷总烃和总挥发性有机物并没有被纳入征税税目。企业 VOCs 监测基础仍然薄弱，监测设备和能力不足，监测水平参差不齐，有强制性监测要求的行业覆盖面小。同时，由于不同排放标准中对 VOCs 的定义不够明确和统一，造成对 VOCs 排放的监测与监管能力提升受到制约。计量方法不完善，目前《环境保护税法》里的 18 种 VOCs 类污染物没有排放系数，在没有监测要求的情况下，企业无法进行计算和申报。目前，一部分排放标准中以非甲烷总烃表征挥发性有机物，但总挥发性有机物（TVOC）指标目前没有通用的监测方法和排放系数。此外，二氧化碳不在环境保护税的征收范围内。碳达峰和碳中和目标的提出，对碳排放控制提出了较高的要求。目前，我国在推行碳交易制度，但是受覆盖面、调控范围限制，且受碳市场中价格形成机制构建难度大以及可能发生市场失灵等因素影响[7]，仅以碳交易一种手段不能充分发挥经济政策对实现碳减排目标的作用。开征碳税不仅有利于同碳交易机制在调控范围和价格支撑上相互配合，共同促进碳减排目标的实现，还有利于提高我国应对欧盟碳边境调节机制的适应性。

企业申报缴纳存在误区和风险点。由于对政策不熟悉或者不够重视，部分企业对该税种纳税义务的履行不够认同[8]，在环境保护税申报缴纳时存在一些误区，给企业带来了潜在风险，也使得环境保护税的调控作用不能充分发挥。比如，只对排污许可管理中的主要排放口或者安装自动监测设备的排放口污染物进行申报纳税，忽略固体废物贮存、处置、综合利用的基础信息申报和噪声源的信息采集申报，忽略减免税相关凭证及资料的收集、保管、提供等工作[9]。以火电行业为例，火电厂普遍推行超低排放以后，大部分火电厂的颗粒物和二氧化硫的排放浓度其实已经低于在线监测设备的检出限，但是全国大多数火电厂计算缴纳环境保护税时仍然延续了原排污费的做法，仅按照有自动在线监测数据的二氧化硫、氮氧化物和烟尘三项污染物计算申报环境保护税，有些甚至只申报了氮氧化物和二氧化硫两个应税项目。实际上，除了这 3 种污染物，火电厂的主要排放口可能还会排放汞及其化合物、一氧化碳、氨、硫酸雾和铬酸雾等其他应税污染物，这些污染物当量数有可能会排进前三项。以某火电厂进行理论匡算，手工监测出来的汞及其化合物污染当量数排在了排放口前三项，仅这一项污染物一个季度就需要补缴上千万元税款，是实缴税额的近 4 倍。这样就导致环境保护税对该行业汞污染物的减排没有起到促进作用。

各地发布的抽样测算方法尚不能满足征管需要。《关于发布计算污染物排放量的排污系数和物料衡算方法的公告》（环境保护部公告 2017 年第 81 号）①中排污系数覆盖的行业、工艺、末端治理技术不全或

① 2021 年《关于发布计算环境保护税应税污染物排放量的排污系数和物料衡算方法的公告》（公告 2021 年第 16 号）发布，规定环境保护部公告 2017 年第 81 号自 2021 年 5 月 1 日起废止。

者滞后、有待更新，不能合理反映目前的生产工艺和污染治理技术。而地方发布的抽样测算办法多是根据排污费简化征收的相关规定和系数来制定的，如照搬了《关于排污申报与排污费征收有关问题的通知》（环办〔2014〕80号）的相关规定，涉及的行业也主要是小型第三产业、畜禽养殖、建筑施工等行业，并没有根据环境保护税征收对行业系数的需求重新研究和制定抽样测算方法。这就导致对于缺失排污系数的行业和污染物，抽样测算没有起到很好的兜底作用。只有部分省份制定了锅炉、港口码头等行业的抽样测算方法并据此征收了环境保护税，其他行业由于缺乏统一的污染物排放量计算方法，且地方也没有确定抽样测算方法，因此没有征收环境保护税。同时，排污收费时制定的一些行业的污染排放特征值比较老旧，已经不太适合新的产品和技术的发展。

不同区域污染物排放量计算方法差异较大。较为突出的是港口码头行业粉尘排放量抽样测算方法。如河北省等地码头煤炭堆存、装卸粉尘排放的抽样测算方法沿用的是1996年排污收费时期确定的排污系数。随着煤炭行业的快速发展，其生产工艺、环保设施和管理水平都已发生显著变化，20多年前的排污系数已不适用于当前港口码头的环境管理要求。天津市重新制定了该行业的抽样测算方法，使排污系数明显降低，前后排污系数相差约10倍。同时，各地制定的具体适用税额标准差异较大，导致同一行业不同区域企业环境保护税的缴纳额差异很大，有关企业和行业协会反响较为强烈。虽然港口码头行业的排污许可核发技术规范已于2020年发布，但生态环境部2017年第81号公告里未包含该行业系数，地方税务机关并未采用新发布的《排污许可证申请与核发技术规范　码头》计算环境保护税。

针对施工扬尘的环境保护税征管存在分歧。由于国家没有对该行业发布排放系数，大部分省份通过发布抽样测算方法对施工扬尘征收环境保护税，通过发布扬尘产生系数和削减系数，按照建设面积或土方数据量等来核定扬尘排放量，计税依据不统一。同时，各地在对纳税主体的界定上存在分歧，有的省份向建设方征税，有的省份向施工方征税。纳税周期也不一致，有的按月缴纳、按季申报，有的按年计征，还有的按照生态环境部门开具的罚单作为计征依据，按次征收。

征管能力和协作机制建设尚待加强。一是涉税信息共享平台建设较为滞后。税务机关和生态环境主管部门建设的涉税信息共享平台是环境保护税征管的重要支撑。环境保护税开征以来，涉税信息共享平台的建设一直较为滞后，很多地方无法实现常态化的数据共享，影响对纳税人申报数据的比对和复核工作的正常开展。从生态环境端信息平台建设来看，各省份汇总到生态环境部的数据非常有限，不利于开展环境保护税征管情况的跟踪评估。二是环境保护税复核是环境保护税征管流程中的法定环节，但目前国家层面尚未对复核工作的操作规范、文书范本、工作流程等做出统一规定。地方税务机关在提请复核的尺度和流程上差异很大，给生态环境部门的工作带来很多困扰。《关于深化环境保护税征管协作的通知》要求各地加快完成涉税信息交换系统和复核机制建设，具体的建设情况还需要进一步跟进。三是针对环境保护税的税务检查较少开展。《中华人民共和国环境保护税法实施条例》规定，生态环境主管部门配合税务机关开展环境保护税的税务检查，但是地方较少开展对环境保护税的税务检查，可能使一些问题没有得到及时发现和纠正。

1.3 改革建议

加强与排污许可和排污交易制度的协调。一是强化与排污许可制的衔接。随着环境监管方式转为一证式管理，排污许可制度已成为固定污染源环境管理的核心制度，环境保护税的征收应与环境监管的改革方向相吻合，环境保护税污染物排放量计算方法、监测要求应与排污许可规定的一致。健全以排污许可为先导的生态环境监测、执法检查、纳税人识别、环境税申报复核、税款追征全流程的常态化部门协作机制。二是统筹考虑排污交易和环境保护税两种政策的定价机制，由两种政策的价格共同分担污染物的边际治理成本。将排污交易制度与排污许可制度紧密衔接，逐步取消排污权有偿取得，大力发展二级交易市场。政府从排污权价格的制定者转为市场的监督者和管理者，尽量减少政府行政干预，坚持以企业为市场主体，依靠市场机制来定价，按照市场规律开展排污权交易。同时，以法律形式对排污权的初始分配方式、定价方法及监管责任进行规定。

推动地方充分履行《环境保护税法》赋予的事权。一是逐步推动环境质量较差且污染物排放较多的地区调整税额标准。各地应综合环境承载能力、经济发展水平及污染物排放状况，积极主动研究调整税额标准，使税额标准朝着与环境质量、污染物排放量呈负相关，与经济发展状况呈正相关方向靠拢。二是按照“流域一盘棋”以及区域大气污染联防联控思路，针对跨省流域、大气重点防控区域建立环境保护税制协同机制。从区域发展和环境经济学角度，推动区域内省份相关部门协商设置环境保护税额标准、应征污染物项目数并开展联合税务检查。三是各省（区、市）应充分承担《环境保护税法》赋予的事权，根据当地资源禀赋和环境质量，编制其他固体废物名录。将对环境影响较大的工业固体废物，如脱硫石膏、磷石膏、赤泥、工业污泥及除危险废物之外的化工废渣等其他固体废物纳入征收范围，提升环境保护税征收管理的针对性和有效性。

优化减免税政策。一是适当增加减税优惠档位。在目前两档减税优惠基础上，加大减税优惠力度，对纳税人排放应税大气污染物或水污染物的浓度值低于国家和地方规定的排放标准80%的，免征环境保护税，激励企业进一步采取减排措施，降低排放浓度。除了按浓度减税，进一步探索创新税收优惠政策，如对采用符合规定的清洁生产工艺、先进污染治理技术，安装并正常运行符合规定污染治理设施的纳税人，或者取得生态环境部门某些荣誉、试点或认证的纳税人，给予一定形式的税收优惠。采取税收优惠激励环境污染第三方治理，鼓励企业与环境服务商通过合同约定根据治理效果共享减免税额收益。二是取消对城乡污水集中处理场所达标排放免税的优惠政策。同时，加大达标排放减免税优惠力度，激励企业改进技术、减少排放，并采取提高非居民污水处理费、增加财政补贴等措施，减轻污水处理厂负担。

尽快完善应税污染物排放量计算方法。建议生态环境部尽快发布公告，全面采用排污许可核发技术规范，与第二次全国污染源普查系数相结合，更新完善现有环境保护税排污系数和物料衡算方法，增强应税污染物计算方法的统一性，规范相关行业的环境保护税征收，以减轻地方制定抽样测算办法的压力。目前，我国已经发布了75项排污许可证申请与核发技术规范，明确了纳入排污许可管理的全部行业的污染物实际排放量计算方法，基本覆盖了污染物排放的主要行业，发布的排污许可技术规范符合当前技术水平。同时，第二次全国污染源普查成果中包含了更新的产排污系数和物料衡算方法，可用于未纳入排污许可管理的行业污染物排放量计算。以码头行业为例，2020年2月28日发布的《排污许可证申请与核发技术规范　码头》（HJ 1107—2020）中包括了煤炭、矿石、水泥、粮食、矿建材料等干散货码头，将排污环节分为泊位、堆场及输运系统，同时将泊位分为装船、卸船，将输运系统分为装车、卸车，根据不同作业方式与粉尘污染防治措施进行差别化计算，较各地现行抽样计算方法更为精细、科学与合理。

调整和扩大环境保护税征收范围。一是调整环境保护税 VOCs 类污染物税目。建议结合 VOCs 防控的要求，将 VOCs 税目与排污许可制、环境统计、第二次全国污染源普查等紧密衔接；兼顾公平与效率，充分考虑环境保护税征管的便利性和可操作性；符合环境保护税制度的整体框架和要求。将 VOCs 类污染物综合性表征指标（非甲烷总烃和总挥发性有机物）纳入环境保护税大气污染物税目，替换目前税目中具体的 VOCs 污染因子。制定和完善 VOCs 类污染物监测规范和排放系数，加强企业 VOCs 排放监测要求和能力建设，鼓励 VOCs 治理技术和服务产业发展。二是研究将温室气体排放纳入环境保护税征收范围，即在环境保护税中增加碳税税目。碳税的设计要充分考虑与碳排放交易制度的协调，并尽量采用较简易的计税方式。排放量计算方法要与碳交易、碳核查等相关制度保持一致。税额标准可以选择从较低水平起步，之后再根据情况进行动态调整。同时，还应充分评估开征碳税对经济、社会、碳排放的影响。

明确施工扬尘的纳税主体、计税依据等关键税制要素。国家相关部门应尽快明确施工扬尘的纳税人，并对计税依据进行统一。根据《环境保护税法》，直接向环境排放应税污染物的企事业单位和其他生产经营者为环境保护税的纳税人。施工单位是污染物的直接排放者，应承担污染防治责任并缴纳环境保护税。但污染防治投入和环境保护税是施工成本的内容，建设方应将污染防治成本和环境保护税等费用计入工程造价，并在合同中予以明确。出于征管的便利性，可以考虑规定由建设方进行环境保护税的代扣代缴或委托代征。在计税依据方面，各地税务机关可以根据具体征管需求，推动当地生态环境部门针对不同施工类型和不同污染治理措施制定和完善相应的抽样测算办法。

健全税收征管机制，落实企业纳税责任。一是规范海洋工程环境保护税征管协作机制。建议生态环境部综合司、海洋司会同国家税务总局财产和行为税司研究健全海洋工程环境保护税征管协作机制，加强流域海域局与相应税务机关的征管协作、信息共享，推进海洋工程污染排放、监管等信息共享至涉税信息共享平台。尽快落实海洋油气勘探开发排污许可证制度，实现排污许可与环境保护税有效衔接。鼓励企业建设在线监测系统，为海洋工程环境保护税征管提供实时有效的数据。二是加快固体废物的涉税信息共享。生态环境部会同国家税务总局定期调度各省份固体废物信息共享情况，督促滞后省份加快将固体废物生态环境监管信息纳入涉税信息共享平台。三是完善涉税信息共享平台建设。加强涉税信息共享平台的组织管理，加大平台优化与运维支持力度，持续优化数据接口，提升数据共享与交换的频次及质量。加大对基层涉税信息共享平台建设的指导力度，及时反馈地方提出的技术难点和困难，提高服务保障能力。加强环境保护税复核工作数据模块规范化设计，指导地方做好线上复核工作。四是开展对新型污染物征收环境保护税的基础研究。

加强企业培训和建立对口联络机制，强化对企业的监督帮助。一是建立联合培训机制。加大对纳税人和基层税务、生态环境部门工作人员的培训力度。重点培训监测方法、应税污染物计量方法、减免税政策、纳税填报、征收管理等内容，提升企业依法纳税能力。二是建立对口联络机制。选取污染物排放量大、种类多、申报有困难的企业，建立对口常态化联络机制，成立工作群，加强日常指导帮扶，组织专家进行政策解读、技术宣讲。三是建立问题协商机制。就日常征管中的问题建立协商机制，及时解答企业在环境保护税申报缴纳过程中遇到的问题。

2

环境保护税对企业绩效的影响分析

2.1 概 述

环境税的研究可溯源至阿瑟·庇古的庇古税理论。他认为征收庇古税有利于将排污者的资源环境成本内部化，是处理环境污染问题的重要经济抓手。环境税的概念有广义和狭义之分[10]，经济合作与发展组织（OECD）、国际能源机构和欧盟委员会[11]将环境税定义为“政府征收的具有强制性、无偿性，针对特别的与环境相关税基的任何收入”。相关税基包括能源产品、机动车、废弃物、实测或估算的污染物排放量、自然资源等，即广义的环境税。狭义的环境税是指以保护环境为主要政策目标、独立开征的环境保护税税种。2016年，我国颁布《环境保护税法》，2018年1月1日正式开征环境保护税。这是我国利用经济手段激励企业减少污染物排放和保护环境的重要举措，也是绿色税制建设的重大突破，同时对全球构建绿色税制具有重要意义。

我国的环境保护税由排污费改革而来，法律刚性大大增强，征收率有所提高；同时，相当一部分省份相比排污费时期提高了税率。那么，环境保护税的开征是否会对企业的财务绩效产生影响？如果有影响，是正向的还是负向的？如何解答这些问题是评估环境保护税政策的关键之一，也可以为我国未来确定环境保护税政策改进的方向和力度提供思路。本章利用 2018 年开征环境保护税政策作为准自然实验，从环境保护税税额标准提高的角度，基于 2016—2019 年上市公司数据，利用双重差分倾向得分匹配（PSM-DID）方法探究环境保护税对企业绩效的影响。为了验证结果的稳健性，本章做了三重差分等稳健性检验。同时，基于企业所有权性质和所属地区发达情况分组，进行异质性检验。本章的贡献：一是基于全国各行业的数据评估了现行环境保护税的经济效应，探索进一步完善环境保护税的途径。二是弥补了已有环境规制对企业生产经营作用研究的不足，综合运用 PSM-DID 和三重差分方法（DDD）进行分析，丰富了研究对象和研究方法。

2.2 文献综述

近年来，国内外关于广义环境税对企业绩效影响的研究结果可以分成三类：

一是根据新古典经济学的理论，认为环境税是一种规制压力，迫使企业增加减排投入。对于高污染企业来说，排污强度越大，需要承担的纳税负担和企业成本就越高，在一定程度上会抑制企业生产率的提高并影响企业发展[12-14]、企业盈利能力[14]和企业竞争力[15]。在环境保护税征收初期，由于税费标准低于阈值，企业面临较大的处罚压力，排污产生的成本大于相对应的收益，有落后产能和超标排污的企业将被市场淘汰[16-17]。环境保护税加重了企业负担，短期内对经济增长有轻微的抑制作用[18]。举例来说，对燃煤热电厂征收二氧化碳排放税会造成大量的太阳能发电厂取代旧热电厂的情况[19]。美国为“精炼煤”企业提供近 10 亿美元的税收抵免，反而增加了企业成本和煤炭使用量[20]。

二是根据波特假说，认为环境规制通过刺激企业增加创新投入、研发支出，能够抵消成本，提高企业生产率和企业绩效[21]。环境税作为环境规制中最为有效的手段之一，对企业绩效发挥着激励和促进作用。如 Sabah 等[22]认为环境税带来的处罚压力和税收负担会倒逼企业节能减排和优化经济结构，生产绿色产品，以获得新的可持续盈利点。Gaigné C 等[23]发现碳税税率的逐步变化会影响投入的相对交付价格，使企业有动力重新分配其设施和替代品。Yi Y 等[24]认为排放税和联合税收补贴能有效提高企业绿色创新投资水平，提高企业长期绩效水平。周文山等[25]基于 2007—2017 年中国上市企业数据，研究发现环境保护政策对企业绩效有显著的促进作用，而且企业创新投入在其中发挥了显著的中介效应功能。毕茜等[26]和贺娜等[27]分别利用分位数回归方法和面板回归模型，证实了环境保护税与企业绿色投资和绿色创新数量有着显著的正相关关系。

三是认为环境税和企业绩效关系不确定。一方面，考虑到企业异质性、环境外部性等因素的影响。有学者发现二者关系可能呈现非线性的情况，即环境规制下企业绩效先减少后增加[28]，从“抵消效应”变为“补偿效应”的正“U”形[29]。另一方面，研究发现只有合理的环境保护税才会对企业绩效产生激励效应。Glibert E 等[30]利用投入—产出模型分析环境税改革对 58 个工业部门生产效益的影响，发现如果碳税保持税收中性，那么碳税改革对工业企业生产影响较小。Mardones 等[31]评估了智利对工业污染源征收碳税的实施情况，发现过低或过高的税率对企业的技术投入和成本没有明显影响。Adamou A 等[32]认为谨慎的汽车碳税将不会对企业利润产生负面影响。我国现行的环境保护税基本遵循“税负平移”的原则，故大部分省份制定的环境保护税征收标准与原排污费金额相比，并不会有太大变化和差异，但对于污染治理投入少和排污费缴纳不规范的企业来说，环境保护税会加剧其污染排放的成本和企业负担[33-35]。

综观近年来国内外学者对环境保护税的微观企业绩效研究，普遍观点认为，环境保护税政策的实施会影响企业绩效。同时，环境保护税实施效果具有地域差异和企业股权性质差异。而学界争论的焦点在于征收环境保护税能否使企业投入的减排成本从“抵消效应”到“补偿效应”，实现企业竞争力和企业绩效的提高。上述文献对环境保护税的实施效应评估研究有着重要贡献，但仍存在一些不足。一方面，现有环境保护税文献多基于排污费、环境政策数量等进行研究，普遍运用其他税费的代理数据来评估环境保护税效应，忽略了环境保护税的特殊性和阶段性，因此得出的结论缺乏可信度。另一方面，以往研究更多运用多元回归、动态一般均衡模型（CGE）等方法，不仅忽略了内生性问题，影响研究结果的准确性，而且无法直接分析环境保护税的微观企业效应，难以考察现实情况下环境保护税的实际效果。因此，本章基于 2016—2019 年上市公司数据，运用 PSM-DID 和三重差分等方法探究环境保护税对企业绩效的影响，在一定程度上解决了内生性问题，使研究结论更具准确性和科学性，不仅丰富了评估环境税收政策实施效应的方法体系，而且为中国环境保护税的落实和绿色税收体系的构建提供理论基础和改进建议。

2.3 数据与方法

2.3.1 研究假设与样本

根据新古典经济学观点，环境保护税作为一种规制压力，使资源从传统的“生产”用途转向“治污”用途，不仅增加私人成本和企业负担，使企业在短期内生产效率倒退，降低企业竞争力，而且会给经济发展带来负面影响。环境保护税虽然实现了环境外部成本内部化，但势必会增加企业经济负担，抑制经济发展[36-38]。2018 年，我国实行环境保护“费改税”，制定“多排污多征税，少排污少征税，不排污不征税”的原则，并提高了征收标准，更能有效规范企业的排污行为。秦昌波等[39]和李惠娟等[18]通过经验研究，发现环境保护税对中国宏观经济发展和企业发展均有一定的抑制作用。环境保护税的征收在短期内会导致企业经营成本和纳税负担的增加，抑制了企业生产率的提高和财务绩效的增长。据此，本章提出假设：开征环境保护税在短期内抑制了企业财务绩效的增长。

各省（区、市）制定的环境保护税税额标准见表 2-1。有的省份相较于排污费提高了征收标准，有的省份则直接平移了排污费征收标准。这种税额标准的区分为本章提供了自然实验数据，平移排污费标准的地区受到征收环境保护税的直接影响较小，而提高征收标准的地区则直接受到征收环境保护税的冲击。因此，本章基于 2016—2019 年深沪上市公司季度数据，选取公司注册地位于北京、天津、山西、江苏、河南、湖南、广东等地（2018 年提高征收标准）作为处理组，而公司注册地位于辽宁、吉林、江西、甘肃、青海等地（直接平移排污费收费标准）作为控制组，并剔除动态变化的内蒙古、云南等地数据。最终获得处理组数据 20 947 个，控制组数据 12 734 个，共计 33 681 个。

表 2-1　全国各省（区、市）排污费与 2019 年环境保护税征收标准对比

单位：元/污染当量

省（区、市）	大气污染物		水污染物	
	排污费	环境保护税	排污费	环境保护税
北京	二氧化硫、氮氧化物 10	12	化学需氧量 10，氨氮 12	14
天津	二氧化硫 6.30，氮氧化物 8.50	10	化学需氧量 7.50，氨氮 9.50	12
河北	2.4	一档标准主要污染物 9.6，其他污染物 4.8；二档标准主要污染物 6，其他污染物 4.8；三档标准主要污染物 4.8	2.8	一档标准主要污染物 11.2，其他污染物 5.6；二档标准主要污染物 7，其他污染物 5.6；三档标准主要污染物 5.6
上海	二氧化硫、氮氧化物 4	2018 年：二氧化硫 6.65，氮氧化物 7.6，其他污染物 1.2；2019 年：二氧化硫 7.6，氮氧化物 8.55	化学需氧量、氨氮 3	化学需氧量 5，氨氮 4.8，一类水污染物 1.4，其他类 1.4
山东	二氧化硫、氮氧化物 6，其他 1.2	二氧化硫、氮氧化物 6，其他 1.2	化学需氧量、氨氮和五项重金属 1.4，其他 0.9	化学需氧量、氨氮和五项重金属 3，其他 1.4
江苏	3.6	南京 8.4，无锡、常州、苏州、镇江 6，其他地区 4.8	4.2	南京 8.4，无锡、常州、苏州、镇江 7，其他地区 5.6
浙江	1.2	四类重金属污染物 1.8，其他污染物 1.2	1.4	五项重金属、化学需氧量和氨氮 1.8，其他污染物 1.4
重庆	1.2	2018—2020 年 2.4，2021 年 3.5	1.4	2018—2020 年 3，2021 年 3

省（区、市）	大气污染物		水污染物	
	排污费	环境保护税	排污费	环境保护税
四川	1.2	3.9	1.4	2.8
山西	1.2	1.8	1.4	2.1
湖南	1.2	2.4	1.4	3
福建	1.2	1.2	1.4	五项重金属、化学需氧量和氨氮 1.5，其他污染物 1.4
河南	1.2	4.8	1.4	5.6
湖北	2.4	二氧化硫、氮氧化物 2.4，其他污染物 1.2	2.8	五项重金属、化学需氧量、总磷、氨氮 2.8，其他污染物 1.4
云南	1.2	2018 年 1.2，2019 年 2.8	1.4	2018 年 1.4，2019 年 3.5
贵州、海南	1.2	2.4	1.4	2.8
广东、广西	1.2	1.8	1.4	2.8
西藏	0.6	1.2	0.7	1.4
黑龙江		1.2		1.4
内蒙古	氮氧化物、二氧化硫 1.2	2018 年 1.2，2019 年 1.8，2020 年 2.4	1.4	2018 年 1.4，2019 年 2.1，2020 年 2.8
安徽	1.2	1.2	五项重金属、化学需氧量和氨氮 1.4	1.4
辽宁、吉林、江西、甘肃、青海、陕西、宁夏、新疆	1.2	1.2	1.4	1.4

2.3.2 模型和变量

为了评估环境保护税对企业绩效的影响，本章基于环境保护税税额标准调整的自然实验，选取 2018 年开征环境保护税为政策时间点。考虑到不同企业之间存在较大的异质性，直接进行差分得出的结果可能存在偏差，本章在进行 DID 分析之前，先运用 PSM 分析方法，匹配出各方面特征与处理组相似的控制组，消除样本选择性偏差，使结果更加可信。最终的 DID 方程如下：

$$Y_{it} = \alpha + \beta_1 D_i + \beta_2 T_t + \beta_3 D_i \times T_t + \sum X_{it} + \gamma_t + \mu_i + \varepsilon_{it} \qquad (2\text{-}1)$$

式中：Y_{it}—— 企业绩效的代理变量，下标 i 和 t 分别表示企业和时间；

D_i—— 企业是否位于环境保护税税额标准调整的地区，取值为 1 代表是，取值为 0 代表否；

T_t—— 数据是否属于 2018 年 1 季度及以后，取值为 1 代表是，取值为 0 代表否；

交互项 $D_i \times T_t$ —— 是否属于 2018 年 1 季度以后位于环境保护税税额标准调整地区的数据，取值为 1 代表是，取值为 0 代表否；

$\sum X_{it}$ —— 控制变量；

γ_t —— 时间固定效应；

μ_i—— 地区固定效应；

β_3—— 本章关心的系数，是环境保护税税额标准调整对企业绩效的影响，基于前文理论分析，本章假设 β_3 是显著且为负；

β_1—— 企业位于不同环境保护税税额标准调整地区的绩效差异；

β_2 —— 环境保护税开征前后企业绩效的变化；

ε_{it} —— 误差项。

本章用总资产报酬率（ROA）和净资产收益率（ROE）来衡量企业的财务绩效。ROA 是以投资报酬为基础来分析企业获利能力，是评价企业资产运营效益的重要指标。ROE 反映了股东权益的收益水平，是衡量股东资金使用效率的重要财务指标。考虑到存在其他影响企业绩效的重要因素，本章将公司股权结构和其他财务指标也列为控制变量，如企业年龄、技术人员人数占比、流通股比例、前十大股东持股比例合计、总市值平减、流动比率、速动比率、资产负债率、总资产周转率等变量。具体见表 2-2。

表 2-2　主要变量

变量	名称	计算公式
被解释变量	总资产报酬率（ROA）	息税前利润/资产平均总额×100%
	净资产收益率（ROE）	销售利润率（净利润/销售收入）×总资产周转率（销售收入/总资产）×财务杠杆比例
控制变量	企业年龄	2020−企业成立年
	技术人员人数占比	技术人员人数/总员工数
	流通股比例	流通股/总股本
	前十大股东持股比例合计	前十大股东持股比例加和
	总市值平减	以 2016 年为基年，平减后的总市值取对数
	流动比率	流动资产/流动负债×100%
	速动比率	（流动资产−存货）/流动负债×100%
	资产负债率	总资产/总负债×100%
	总资产周转率	销售收入/总资产×100%

2.4 基准回归结果

2.4.1 描述性统计

表 2-3 列出了处理组和控制组在开征环境保护税前后的均值变化情况和差异。从表可直观地看到，2018 年 1 季度以前，处理组和控制组的 ROA、ROE 均值差分别为−0.280%和−0.153%；受到环境保护税税额标准提高的影响，ROA 和 ROE 的均值差扩大至−0.407%和−0.423%。该均值表明，环境保护税税额对企业绩效有抑制作用。

表 2-3 描述性统计结果

变量	2018 年 1 季度以前				2018 年 1 季度以后			
	总体	处理组	控制组	均值差	总体	处理组	控制组	均值差
ROA	3.667%	3.561%	3.841%	−0.280%	3.467%	3.313%	3.720%	−0.407%
ROE	4.418%	4.360%	4.513%	−0.153%	4.196%	4.035%	4.458%	−0.423%
企业年龄	18.890%	19.203%	18.376%	0.827%	20.838%	21.139%	20.343%	0.796%
技术人员人数占比	20.961%	22.445%	18.531%	3.914%	21.866%	23.404%	19.352%	4.053%
流通股比例	74.258%	73.262%	75.897%	−2.635%	83.146%	81.911%	85.178%	−3.267%
前十大股东持股比例合计	58.535%	58.632%	58.376%	0.256%	57.464%	57.322%	57.698%	−0.375%
总市值平减	22.912%	22.954%	22.843%	0.111%	22.535%	22.573%	22.473%	0.100%
流动比率	2.499%	2.584%	2.361%	0.223%	2.219%	2.240%	2.183%	0.057%
速动比率	1.980%	2.072%	1.830%	0.241%	1.744%	1.776%	1.691%	0.085%
资产负债率	41.327%	41.188%	41.556%	−0.368%	43.250%	43.328%	43.121%	0.206%
总资产周转率	0.365%	0.356%	0.381%	−0.025%	0.378%	0.366%	0.397%	−0.031%

2.4.2 实证结果

为了消除处理组和控制组中其他特征变量的异质性，本章先进行PSM 分析。首先，进行平衡性检验，所有变量匹配后的 P 值均大于10%，表明匹配后的处理组和控制组不存在显著的系统性差异，而且匹配后的标准误差均小于15%，说明匹配后的处理组和控制组分布具有一致性，PSM 分析满足平衡性假设。其次，匹配后控制组和处理组在资产负债率、市净率、员工总数等方面差异缩小，基本消除了异质性。此外，本章匹配后83%的样本属于共同支撑样本，满足共同支撑范围的条件。

实证结果见表 2-4，（1）列和（3）列 $D\times T$ 系数为负，均不显著，且加入控制变量的（2）列和（4）列结果也不显著，说明在短期内，环境保护税税额标准的提高对企业绩效没有显著负影响。此外在控制变量中，总市值平减、速动比率和总资产周转率与企业绩效显著正相关，这说明企业总市值越高，短期偿债能力和营运能力越强，越能显著增加企业绩效。为了进一步证实结果的合理性，本章将在后文进行一系列的稳健性检验。

表 2-4　基准回归结果

变量	（1）	（2）	（3）	（4）
	ROA	ROA	ROE	ROE
$D\times T$	−0.127 （0.109）	−0.099 （0.093）	−0.298 （0.204）	−0.254 （0.182）
T	3.677*** （0.144）	2.628*** （0.541）	4.402*** （0.273）	2.282* （1.264）

变量	（1）	（2）	（3）	（4）
	ROA	ROA	ROE	ROE
D	0.000 （0.000）	0.000 （0.000）	0.000 （0.000）	0.000 （0.000）
企业年龄	— —	−0.155 （0.172）	—	−0.128 （0.409）
技术人员人数占比	—	−0.004 （0.004）	—	−0.009 （0.009）
流通股比例	—	−0.004* （0.002）	—	0.003 （0.004）
前十大股东持股比例合计	—	−0.014* （0.008）	—	0.007 （0.015）
总市值平减	—	2.440*** （0.109）	—	4.44*** （0.219）
流动比率	—	−0.668*** （0.132）	—	−1.141*** （0.189）
速动比率	—	0.591*** （0.142）	—	0.991*** （0.204）
资产负债率	—	−0.058*** （0.005）	—	−0.118*** （0.011）
总资产周转率	—	5.426*** （0.278）	—	9.306*** （0.531）
地区固定效应	是	是	是	是
_cons	1.231*** （0.048）	−48.414*** （4.142）	1.259*** （0.089）	−94.200*** （9.275）
N	33 676	32 802	33 599	32 725

注：***、**、*分别表示在1%、5%、10%的统计水平上显著。

2.4.3 稳健性检验

为了验证基准回归的可信度，本章运用三重差分、更换变量和数据等方法进行稳健性检验。

2.4.3.1 三重差分

前文双重差分估计方法可能存在环境保护税政策之外的其他政策，影响环境保护税税额标准提高和不变地区的企业绩效，从而影响回归结果，使结果出现偏差。为了避免这一问题，本章使用三重差分的方法，从不受环境保护税税额标准调整影响的地区中再选择一对处理组和对照组。本章依据申万行业分类，将原对照组的样本（即位于环境保护税税额不变地区的企业）再次分组，属于钢铁、化工等高污染行业的为处理组，属于其他行业的为对照组。环境保护税直接平移排污费标准的地区不受环境保护税税额提高的影响，因此，处理组和对照组的差异来源于其他政策的影响。将基因回归的处理组和对照组的差异减去新设定的处理组和对照组的其他政策差异，就得到了环境保护税政策的净效应。

本章构建的三重差分模型如下：

$$\begin{aligned} Y_{it} = \alpha + \beta_1 D_i \times P_i + \beta_2 T_t \times P_i + \beta_3 D_i \times T_t \times P_i + \beta_4 D_i \times T_t + \\ \sum X_{it} + \eta_i + \gamma_t + \mu_i + \varepsilon_{it} \end{aligned} \tag{2-2}$$

式中：P_i —— 是否属于不受环境保护税税额标准调整影响地区的高污染行业企业，取值为 1 代表是，取值为 0 代表否；

交互项 $D_i \times T_t \times P_t$ —— 是否属于 2018 年 1 季度以后位于环境保护税税额标准调整地区且属于高污染行业的数据，取值为 1 代表是，取值为 0 代表否；

γ_t —— 时间固定效应；

μ_i —— 地区固定效应；

η_i —— 行业固定效应；

β_3 —— 本章关心的系数，是环境保护税税额标准调整对企业绩效的净效应；

β_4 —— 环境保护税税额标准调整对企业绩效的影响。

其余项意义同式（2-1）。

表 2-5 三重差分结果

变量	（1）	（2）
	ROA	ROE
$D_i \times T_t \times P_i$	0.087 （0.189）	0.192 （0.371）
$D_i \times T_t$	−0.122 （0.123）	−0.306 （0.245）
$D_i \times P_i$	0.000 （0.000）	0.000 （0.000）
$T_t \times P_i$	0.149 （0.151）	0.313 （0.286）
协变量	控制	控制
地区固定效应	是	是
行业固定效应	是	是
_cons	−48.168*** （4.169）	−93.691*** （9.330）
N	32 802	32 725

注：***、**、*分别表示在 1%、5%、10%的统计水平上显著。

如表 2-5 所示，交互项 $D_i \times T_t \times P_i$ 的系数为正，且不显著，说明通过三重差分的方法剔除了其他政策的影响后，环境保护税税额标准调整对企业绩效仍然没有显著的影响。

2.4.3.2 更换变量和数据

首先，本章引入税额变化率作为核心变量进行多元回归分析，将主要大气污染物税额变化率和主要水污染物税额变化率分别作为解释变量，探究其对企业绩效的影响。具体结果见表 2-6 的（1）～（4）列。关键变量 tax_gas 和 tax_water 不显著，表明无论是大气污染物还是水污染物，其税额变化率对企业绩效均没有显著影响。

表 2-6 稳健性检验结果——更换变量

变量	（1）	（2）	（3）	（4）	（5）	（6）	（7）
	ROA	ROE	ROA	ROE	净利润营业总收入	ROA（原始）	ROE（原始）
tax_gas	0.000 （0.000）	−0.000 （0.000）	—	—	—	—	—
tax_water	—	—	0.001 （0.001）	−0.000 （0.000）	—	—	—
$D \times T$	—	—	—	—	−0.576 （0.414）	−0.104 （0.094）	−0.263 （0.181）
T	—	—	—	—	1.995 （1.686）	2.781*** （0.580）	2.459* （1.326）
D	—	—	—	—	0.000 （0.000）	0.000 （0.000）	0.000 （0.000）

变量	(1)	(2)	(3)	(4)	(5)	(6)	(7)
	ROA	ROE	ROA	ROE	净利润营业总收入	ROA（原始）	ROE（原始）
协变量	控制	控制	控制	控制	控制	控制	控制
地区固定效应	是	是	是	是	是	是	是
_cons	−48.568***	−94.583***	−48.571***	−94.582***	−133.420***	−47.605***	−93.265***
	（4.143）	（9.277）	（4.143）	（9.277）	（14.801）	（4.343）	（9.593）
N	32 802	32 725	32 802	32 725	32 754	32 817	32 740

注：***、**、*分别表示在 1%、5%、10%的统计水平上显著。

其次，本章更换了被解释变量企业绩效的代理变量，改为用净利润营业总收入比例来衡量，结果如表 2-6 的（5）列所示，交互项 $D \times T$ 的系数为负，但仍不显著。最后，本章使用原始数据再次进行双重差分，结果如表 2-6 中（6）（7）列所示，交互项 $D \times T$ 的系数为负，仍不显著。至此，本章证实了环境保护税对企业绩效在短期内没有显著影响。

环境保护税短期效应较弱的原因主要有四个方面：一是大部分提高税额标准的省份提高幅度都不大；二是税收优惠力度相比实行排污费时有所加大，减免税额比例增加；三是环境保护税的征收对税务机关现代化征管能力和水平、与生态环境部门协同配合的能力提出了更高要求，而目前在信息共享、部门配合、征管能力方面都还在不断磨合和完善过程中，征管力度还不强；四是 VOCs 排污收费试点在环境保护税开征时废止了，弱化了环境保护税对 VOCs 排放的调控作用。

2.5 异质性检验

虽然全样本的回归结果是不显著的，但是企业的所有权性质和所属地区的经济发展程度及市场化程度也可能影响环境保护税对企业绩效的作用，从而对实证结果产生影响。

一方面，宏观政策的实施效果受企业微观制度制约。由于我国国有企业、非国有企业与政府之间的关系存在差异[40]，不同性质的企业受环境保护税影响的程度不同。有观点认为，非国企比国企受到环境保护税影响更为显著，因为国企在与地方政府协商时具备更强的议价能力，更可能获得隐性优惠[17]。在治理环节上，国企面临的环境约束较弱，受到的环境监管压力较轻，管制压力大部分落在了非国企身上[41]。但也有观点认为，国企比非国企更易受到环境保护税的影响，民营企业股东和高管对于承担环境治理的责任缺乏积极性，且在税收征管强度不大的情况下，股东和高管在协商环境战略时会表现出“合谋”倾向[42]。

另一方面，地区制度环境也会影响环境保护税的实施。如果地区拥有较好的制度环境，环境配套政策较完善，市场配置资源的程度较高，市场环境相对公平，企业就更能够根据政策预期履行环境行为，环境保护税也就更能有效发挥调节和引导作用[43-45]。此外，地方制度环境越优良，政府环保投资的外溢性就越强，不仅有利于拉动经济增长，而且更能拉动企业环保技术创新[46]。因此，基于企业所有权性质和所属区域进行异质性检验，有利于深入理解环境保护税的作用机制和边界条件。

（1）企业所有权性质。

本章分别加入了两个虚拟变量 G 与 F。G 代表如果属于中央国有企业，则取值为 1；若属于地方国有企业，则取值为 0。F 代表如果属于国有企业，则取值为 1；如果属于非国有企业，则取值为 0。回归结果如表 2-7 中（1）（2）列所示。关键交互项 $D\times T\times G$ 不显著，但在一定程度上国有企业相较非国有企业更易受到环境保护税的影响。$D\times T\times F$ 在 10%上显著，说明企业所有权性质对环境保护税经济效应的影响有限。

表 2-7　异质性检验结果

变量	（1）	（2）	（3）	（4）
	ROA	ROE	ROA	ROE
$D\times T\times G$	−0.030 （0.112）	−0.063 （0.244）	—	—
$D\times T\times F$	−0.137 （0.105）	−0.360* （0.199）	—	—
$D\times T\times E$	—	—	−0.190* （0.099）	−0.447** （0.188）
$D\times T\times M$	—	—	0.271 （0.190）	0.310 （0.387）
$D\times T\times W$	—	—	0.018 （0.167）	0.200 （0.383）
T	2.615*** （0.543）	2.246* （1.273）	2.661*** （0.546）	2.330* （1.282）
D	0.000 （0.000）	0.000 （0.000）	0.000 （0.000）	0.000 （0.000）
协变量	控制	控制	控制	控制
地区固定效应	是	是	是	是
_cons	−48.380*** （4.151）	−94.112*** （9.301）	−48.236*** （4.162）	−93.909*** （9.343）
N	32 802	32 725	32 802	32 725

注：***、**、*分别表示在 1%、5%、10%的统计水平上显著。

（2）企业所属地区。

本章又引入了三个地区虚拟变量，*E* 代表企业位于北京、天津、江苏等 11 个东部地区省份，*M* 代表企业位于山西、安徽等 8 个中部地区省份，*W* 代表企业位于广西、四川等 12 个西部地区省份。如果位于，则取值为 1，否则取值为 0。回归结果如表 2-7 中（3）（4）列所示。可发现，$D \times T \times E$ 的系数显著为负，说明环境保护税税额标准提高使东部地区的企业总资产报酬率下降 0.19%，净资产收益率减少 0.447%，降低了企业绩效。而西部地区、中部地区的分组回归结果都不显著。东部地区的企业绩效受环境保护税影响显著的结果验证了环境保护税的实施具有区域效应。东部地区相较于中部地区、西部地区有更为良好的制度环境，因此，企业受到环境保护税的影响就更为明显，短期内环境保护税税额标准调增抑制了企业绩效的提高。

2.6 结论与建议

本章基于 2018 年中国开征环境保护税的准自然实验，利用 PSM-DID 方法探究环境保护税税额标准提高对企业绩效的影响。实证结果表明，在短期内环境保护税税额标准提高并不会对企业绩效产生显著的影响。这一结论在通过一系列的稳健性检验之后仍然成立。此外，依据企业所有权性质和所属地区进行分组检验，结果表明，在制度环境较好的东部地区，环境保护税与企业的净资产收益率和总资产报酬率有着显著负相关关系，环境保护税税额标准提高 1%，使东部地区的企业净资产收益率减少 0.447%、总资产报酬率减少 0.19%。开征环境保护税短期内抑制了东部地区的企业水平。

因此，本章提出以下改进建议：一是加强环境保护税税收征管协作机制和能力建立，运用现代征管方式，提高征管效率。二是推动地方积极研究调整税额标准，使税额标准朝着与环境质量、污染物排放量呈负相关，与经济发展状况呈正相关方向靠拢。三是持续改进和完善环境保护税制度，及时研究修订应税污染物及其当量值，重点研究将 VOCs 类污染物综合性表征指标（如非甲烷总烃等）纳入征税范围。四是规范制度环境，提高市场化程度，尤其针对中部地区、西部地区，更应着力加强法治文化和法治城市建设，推进市场化、法治化、国际化营商环境建设，营造公平的市场环境。

3 资源税政策

自2020年9月1日起，《中华人民共和国资源税法》（以下简称《资源税法》）实施，1993年12月25日发布的《中华人民共和国资源税暂行条例》（以下简称《资源税暂行条例》）随之废止。《资源税法》的实施有利于促进国有资源的合理开发使用和生态环境协调可持续发展，对于构建绿色税制体系、促进中国税收法定进程有着重要意义[47]。本章梳理了我国资源税政策的改革与实施进展情况，并结合对国外资源税费制度情况的分析，指出我国资源税政策存在的问题和不足，提出有针对性的改进思路和建议。

3.1 我国资源税政策改革与进展

3.1.1 我国资源税改革历程

从《资源税若干问题的规定（1984）》到2019年颁布的《中华人民共和国资源税法》，我国的资源税经历了从无到有、法律位阶逐步提升的过程。其间，我国资源税征收范围逐步拓展，征收计算方法不断改进，资源税制度愈加完善，征税形式由“按超额利润征收”演变为“从量计征”，再到“从价计征”，对于优化能源结构、促进资源有偿使用、实现经济与环境的协调发展起到愈发积极的作用。其改革历程大体可分为五个阶段[48-49]：

（1）建立阶段（1984—1992 年）。我国第一部与资源税有关的税费制度始于 1984 年颁布的《中华人民共和国资源税条例（草案）》，对煤炭、石油、天然气、部分金属和非金属矿产品征收资源税。1986 年，《中华人民共和国矿产资源法》颁布，国家对矿产资源实行有偿开采，形成了资源开发领域税费并存的局面。

（2）调整完善阶段（1993—2009 年）。1993 年 12 月，国务院发布《中华人民共和国资源税暂行条例》，条例自 1994 年 1 月 1 日起施行。条例全面执行“普遍征收、级差调节”的纲领，将征税范围扩大到原油、天然气、煤炭、其他非金属矿原矿、黑色金属矿原矿、有色金属矿原矿和盐等 7 个税目，并明确实行从量定额的征收办法。1994 年，按照分税制财政体制，将海洋石油作为中央收入，其余的税收归地方所有，征税方式采取“从量计征”，资源税制得到了完善。从 1994 年资源税改革至 21 世纪初期，我国资源税制基本保持稳定状态。从 2005 年开始，我国先后对原油、天然气、焦煤、铅锌、铜、钨等的税率进行了调整。2008 年 10 月起，还上调了部分非金属矿产品税额标准。

（3）从价计征阶段（2010—2015 年）。2010 年 6 月，国家以新疆为资源税改革试验区，开始进行石油、天然气资源税的改革，以销售额为计税依据，资源税的征收方式也由“从量计征”改为“从价计征”。2010 年 12 月，资源税改革试点进一步扩大到内蒙古、甘肃等 12 个省份；2011 年 9 月开始实行全国范围的资源税改革，以资源税税额从量计征改为从价计征为核心，资源税改革从试点地向全国全面推开，石油、天然气的税率为销售额的5%～10%。2014年12月，我国将煤炭资源税改为从价计征，实行2%～10%的税率，并对收费基金政策进行了清理，资源税得到了进一步完善。2015年5月，资源税从价计征的范围进一步扩大，稀土、钨、钼等也被纳入从价计征范围。

（4）清费扩围阶段（2016—2018年）。2016年5月，财政部、国家税务总局发布了《关于全面推进资源税改革的通知》（财税〔2016〕53号）[①]，提出从2016年7月1日起全面推进资源税改革，包括扩大资源税的征收范围，实施矿产资源税从价计征改革，全面清理涉及矿产资源的收费基金，合理确定资源税税率水平，加强矿产资源税收优惠政策管理。并提出率先在河北省开展水资源税试点，以水资源税改革为试点，逐步扩大到其他领域，调节好税费关系，使资源税在经济新常态下起到节约资源和保护环境的作用。2017年12月，基于河北省开展的水资源税从量计征改革试点工作进一步扩大至天津、北京等9个省份。

（5）法律提升阶段（2019年至今）。2019年8月26日，第十三届全国人民代表大会常务委员会第十二次会议通过了《中华人民共和国资源税法》，并于2020年9月1日起施行。《资源税法》吸收了《资源税暂行条例》实施以来长期形成的有效做法，以纳税人为中心，进一步深化放管服要求，落实税收法定原则，完善地方税体系，构建绿色税制。为更好地贯彻落实资源税法，财政部、国家税务总局等有关部门和各省（市、区）人大常委会制定公布了一系列《资源税法》配套政策文件，细化有关政策和征管规定，形成了“一部税法+三个公告+各省（市、区）实施办法”的资源税法规政策体系，确保《资源税法》在全国顺利落地。“三个公告”分别是2020年6月的《财政部、国家税务总局关于资源税有关问题执行口径的公告》（财政部　国家税务总局公告　2020年第34号，以下简称“34

① 该通知自2020年9月1日起全文废止。

号公告”)、2020 年 6 月的《财政部、国家税务总局关于继续执行资源税优惠政策的公告》(财政部　国家税务总局公告　2020 年第 32 号，以下简称“32 号公告”)、2020 年 8 月的《国家税务总局关于资源税征收管理若干问题的公告》(国家税务总局公告　2020 年第 14 号，以下简称“14 号公告”)。“34 号公告”对资源税的计税基础、抵扣范围、税收优惠等进行了进一步的辨析，明确资源税应税产品的销售额按照纳税人销售应税产品向购买方收取的全部价款确定，不包括增值税税款。“32 号公告”明确《资源税法》实施后继续执行青藏铁路自采自用砂石免征资源税等 4 项资源税优惠政策。“14 号公告”规定了纳税人申报资源税时应当填报《资源税纳税申报表》，在享受资源税优惠政策时实行自行判别、申报享受、有关资料留存备查的办理方式，进一步对资源税法的相关内容进行了补充完善。

整体来看，从最早的无偿开采到资源税的初步确立，再到现在的《资源税法》的实施，我国的资源税征收范围逐渐扩大，已经覆盖了大部分矿产资源，并逐步尝试水资源和其他自然资源的资源税征收。从资源税改革的方法来看，通常从特定矿种或特定地区开始进行资源税改革，然后推广到更多矿种、特定区域，进而推广至全部矿种、全国[50]。从征税方式的变化来看，包括计征方式的变化、税收优惠政策的变化、征税范围的变化、适用税额的变化等。从资源税立法、改革的目的来看，不同时期的法律文件也体现了不同立法目的的侧重点不同。主要目的包括促进资源的合理开发利用、促进节能减排、加强环境保护等。

3.1.2 水资源税改革进展

3.1.2.1 水资源税发展历程

为了发挥税收杠杆调节作用，建立规范公平、调控合理、征管高效的资源税制度，将水资源税纳入资源税的征收范围，促进资源节约利用和生态环境保护，我国于2016年7月1日开始，全面推进水资源税改革，并率先在河北省试点。2017年12月1日，将试点范围扩大到北京、天津、山西、内蒙古、河南、山东、四川、宁夏和陕西9个省（区、市）。虽然有一定改革成效，但由于时间较短，总体仍处于起步阶段。我国水资源税发展历程见表3-1，水资源税改革思路见图3-1。水资源税相比水资源费主要有3个优势：税目设置更完善、具有强制性和能够有效推动绿色发展，见表3-2。

表3-1　我国水资源税发展历程

时　间	说　明	出台政策	主　体
2016年5月	深化财税体制改革，促进资源节约集约利用，加快生态文明建设	《关于全面推进资源税改革的通知》	财政部、国家税务总局
2016年5月	开展水资源税改革试点工作，建立健全工作机制	《水资源税改革试点暂行办法》	财政部、国家税务总局、水利部
2016年7月	促进水资源节约、保护和合理利用，加强取用水管理	《河北省水资源税改革试点实施办法》	河北省人民政府
2017年11月	推进资源全面节约和循环利用，推动形成绿色发展方式和生活方式	《扩大水资源税改革试点实施办法》	财政部、国家税务总局、水利部
2019年8月	对取用地表水或者地下水的单位和个人试点征收水资源税。征收水资源税的，停止征收水资源费	《中华人民共和国资源税法》	中华人民共和国主席令（第三十三号）

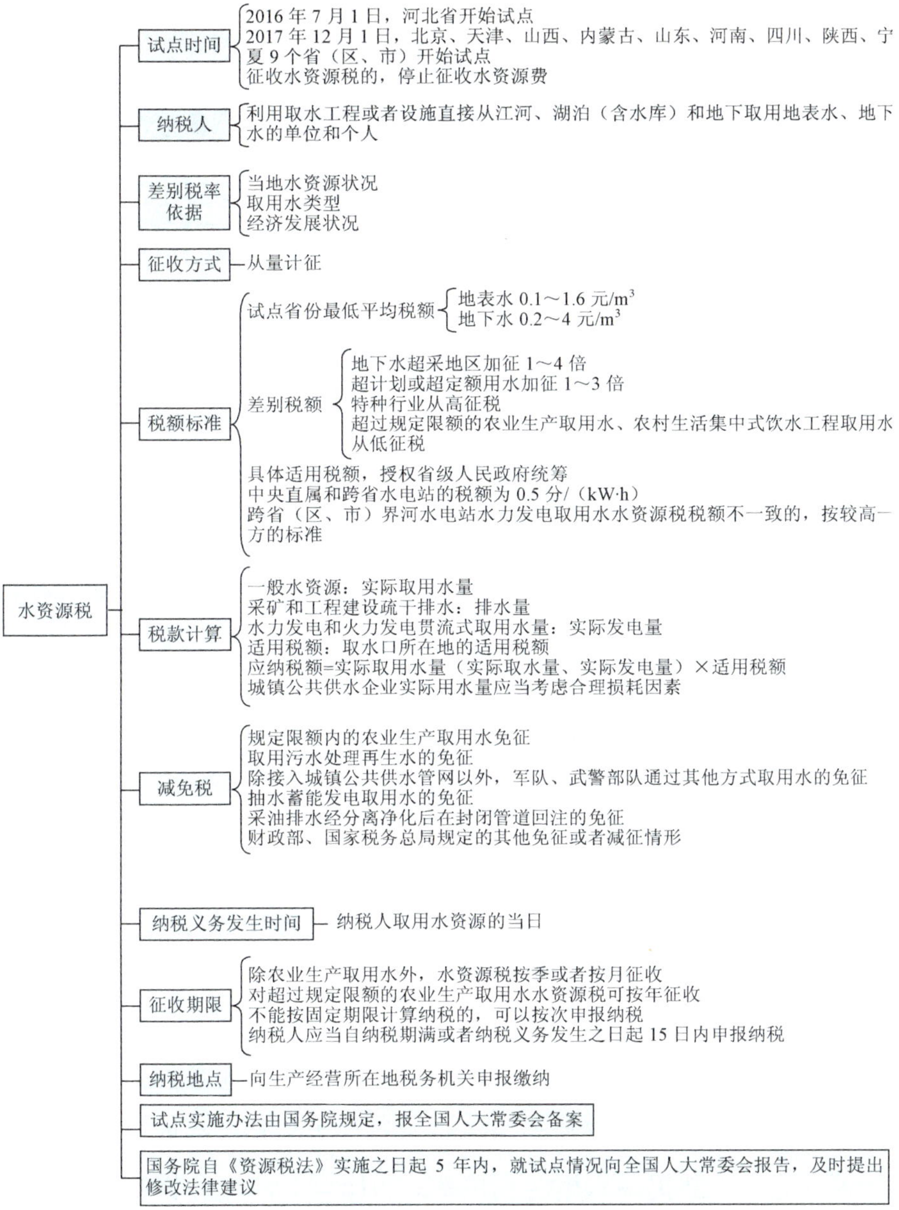

图 3-1 水资源税改革思路导图

来源：小颖言税，税问 tax，https://www.sohu.com/a/336766861_120070183。

表 3-2　水资源税与水资源费比较

比　较	水资源费	水资源税
标准设置	征收标准不能完全体现水资源的稀缺程度和供水管理成本，没有形成节水意识	税收标准对不同行业有明确的规定，使用水成本更贴近社会成本
税收主体	征收主体为地方水行政主管部门，主观随意性较大	征收主体为地方税务机关，体现了无偿性、强制性和固定性
资金使用与管理	部门专款专用	强化约束管理，资源有偿使用和完善生态补偿

3.1.2.2　水资源税改革成效

水资源税的试点改革坚持税费平移原则，将水资源纳入资源税的征收范围，将水资源费改为水资源税在筹集了一定税收收入的同时，比较好地发挥了税收的经济杠杆调节作用，促进了水资源的节约及保护，推动了社会绿色发展方式和生活方式的形成，助力社会经济绿色发展。

一是节水效应明显。水资源税试点改革变“费”为“税”，通过价格机制，使得水资源税款转变为纳税人用水的生产成本，发挥税收杠杆效应，调节用水需求，有效减少了水资源的浪费。截至 2018 年 6 月，9 个扩大试点省（区、市）的超采区取用地下水水量同比下降了 9%以上。以河北省为例，工业发展一直以煤炭、钢铁等高耗水行业为基础，此次改革提高了高耗水行业的征收标准，并对取用非常规水资源有免征优惠，倒逼企业把节水降耗作为重点项目提上日程，采取节水措施，积极改进工艺，不断提高水资源利用率。2018 年，河北省钢铁企业的水重复利用率达 97.68%，吨钢耗新水比 2017 年同期下降了 5.03%。

二是水资源循环利用率明显提高。水资源试点改革地区大多使用差别税率和税收优惠政策来约束、敦促企业合理地利用水资源。从延长企业寿命、拓宽企业发展前景的角度来看，采取积极建设高效节水工程、主动使用节水设备、加快技术革新和产业转型升级等举措，提高水资源的利用效率，进而降低水资源税收成本。比如，陕西省工业企业 2018 年上半年污水处理再生水使用量超过 1 亿 m^3，同比增长了 9.47%；2018 年，山东省城镇再生水利用率达到 32%，同比增长了 4.2%。再如，烟台市万华集团与烟台市政府、套子湾污水处理公司合作投资建设再生水利用项目，目前已实现供应再生水 7 000 t/d，计划 2020 年供应再生水规模达到 10 万 t/d，显著提高水资源的利用效率[51]。

三是促进高耗水企业转型升级。对取用地下水和特种行业用水征更多的水资源税，会拉大不同行业、不同取水方式的用水成本差距，从而推动高耗水企业向集约方向发展，在节约利用水资源的同时，促进企业自身的转型和升级，安装节水设备，取用再生水，推动节水设备和节水工艺的市场发展。以河北省钢铁企业为例，唐山燕山钢铁有限公司在水资源税改革后，提高节水意识，积极推动企业改进工艺，提高用水效率。截至 2018 年年底，企业已累计投资 5 000 余万元用于各分厂水质改善、二次水循环利用及污水零排放等工程，全年一次用水量为 2 236.88 万 t，比 2017 年降低了 680.95 万 t。2018 年，缴纳水资源税 3 099.63 万元，较 2017 年减少了 27.06%[52]。

四是用水结构调整显著。水资源税试点改革以来，对超计划用水加倍征收水资源税，加大了取用地下水和地表水的税负差、取用超采区和非超采区地下水的税负差，促使特种行业与高耗水企业强化内部用水管理，主动调整用水结构，以降低成本、减少地下水开采量。如陕西省 2018 年地下水取用量仅为 58 149.1 万 m^3，同比下降 38.49%。

3.1.2.3 水资源税改革实践经验

因地制宜实施差异化税率政策。水资源税的差异化税率政策体现了税收引导科学用水、促进水资源节约的鲜明导向。《水资源税改革试点暂行办法》《扩大水资源税改革试点实施办法》从政策上对试点地区最低税额标准及税额标准差异化制定原则进行了规定，试点地区围绕政策原则因地制宜制定具有地方特色的税率政策，实施差异化水资源税税率。比如，山西省、陕西省同为煤矿资源开采大省，但针对煤矿开采用水结构和方式不同，制定的具体税率也不同。水资源税制要素"地区化""差异化"，更有利于各省份水资源的开发与保护。

建立税务与水利部门协作配合机制。在水资源税改革试点中，税务机关与水利部门紧密联系、密切协作，构建两部门信息共享机制，搭建三方联动的统一征管平台，将电子信息技术应用于水资源税征管过程中。河北省水资源税改革实施以来，逐步构建"水利核准、纳税申报、地税征收、联合监管、信息共享"的征税模式，有效破除体制障碍，形成"联合共治"的征收模式，为其他试点地区提供了可借鉴的宝贵经验。北京市首创的水资源税信息共享平台实现了税务机关与水利部门信息实时共享、互联互通，取水许可证管理进一步规范化、高效化，税务机关与水利部门通力协作，成为水资源税试点改革的坚实征管保障。

重视水资源税征收管理工作。水资源税改革试点实施后，试点省份加大征收管理力度，特别是在取用水计量及监督方面下功夫，提高了征收管理能力及征收效率，纳税人依法取水、依法纳税意识显著增强。截至 2019 年 4 月，山东省 1.7 万户水资源税纳税人中，已有 6 100 多户安装取用水在线监控计量设施，在线监控取用水量达 28.89 亿 m^3，约占计税总水量（49.41 亿 m^3）的 58.5%[53]。

3.2 国外资源税费制度情况分析

3.2.1 国外资源税费制度对我国的启示

各级政府责权明确。澳大利亚、美国等国家的联邦政府与地方政府责权明确，联邦政府通过制定全国性资源税法律，保障宏观管理的权威性，州政府对资源开发进行直接管理，极大地调动了地方政府管理的能动性和自觉性[54]。同时，在联邦制国家中，州政府也具有相应的税收立法权，因而在资源开发、保护等方面具有很高的积极性。各级政府间权限和利益分配明确，在管理方面以服务资源开发为根本，减少了管理层次，同时管理程序透明。责权明确的管理体制不仅理顺了国家对资源所有权的财产权益关系，也有利于各级政府科学规范管理，减少征收成本，提高征收效率。

资源税费搭配合理且征收范围广。国际通行的矿产资源税费制度覆盖了资源勘探、开采、销售等各环节，同时为避免重复征收，每一环节只征收一种税或费。国外征收资源税的范围十分广泛，除了矿产资源、森林资源、水资源等方面，一些国家对本国的特殊资源进行征税，如美国对贝类征税，加拿大、巴西等国家均将土地、滩涂、草原和海洋等资源纳入资源税征税范围[55]，法国、瑞典、马来西亚、菲律宾等设置了对有关森林资源（有些是针对林业产品或特定木材）征税[56]，越南则对森林资源、海洋动植物、天然燕窝征税。

资源税税率设置合理有效。国外资源税税率的设置以动态税率为主，避免了静态税率课征所带来的诸多弊端，实行从价计征、从量计征和按净收入计征相结合，实现资源课税的宏观调控功能。在具体的税率设计方面，尽管各国的税率形式不同，但基本都与能源产品价格指数或者利润水平挂钩。比如，美国北达科他州，以及澳大利亚、俄罗斯等国的资源税采取累进税或者与价格指数挂钩，使得税收收入弹性较大，进而使得资源税收入与市场价格波动密切相关。在资源价格下降或上升时，通过调节资源税收入达到减少或增加企业纳税负担的目的，体现资源的市场供求与稀缺程度。

资源税与环境优化联动。从各国的资源税费制度来看，发挥资源税的环境保护功能都是各国考虑的重点，这在税制设计中都有明显的体现。比如，美国开采税税款专门用于生态环境的有效保护；俄罗斯林业税主要用于补偿木材再生产的开支，水资源税款收入基本用于水资源的开发、保护及改善。我国现阶段资源税收入大部分归地方所有，成为地方财政收入的重要部分（特别是在西部地区）。地方为增加财政收入，往往会鼓励企业开采，但收入用于环境保护的较少，这就造成了环境不断恶化。为有效促进资源可持续利用，在经济发展的同时减少环境破坏，我国资源税应借鉴国际经验，对收入实行专款专用，用于资源环境保护方面的支出。

资源税收优惠政策效果显著。国外在制定资源税制度、征收资源税的同时，也对资源开发利用给予了一定的优惠政策。以加拿大为例，为鼓励矿产经营者进行新矿产资源的勘查工作，加拿大政府制定了耗竭补贴措施，即将年度纳税额的25%补贴给采矿企业，鼓励开采者寻找新矿产资源，以替代正在耗竭的资源。同时，对于在较为落后区域开展选矿、矿产品加工和提炼的企业，制订了税收激励计划。与加拿大类似，美国各州政府为促进低品位矿藏的开发与经营，也出台了优惠政策。例如，为了促进闲置油田的二次开发利用，一些州政府根据油田闲置时间和现实情况，给予不同的优惠政策。在这一政策下，美国闲置油田的再次开发率高达 70%，有效缓解了资源的浪费情况。

3.2.2 国外水资源税分析及经验借鉴

完善、合理的税制设计。水资源管理先进的国家都形成了具有特色的水资源税税制，这些国家的水资源税税制设计存在很大差异，但都对促进本国的水资源管理和使用起到了重要作用。例如，德国的水资源税侧重于污染治理的污染税征收，同时为了促进社会公平，使用全国统一税率。荷兰早在 1970 年就开征了地表水污染税，对向地表水排放废弃物、污染物及有害物质的单位和个人征税；俄罗斯专门开征了水资源设施排放污染物税。因此，水资源税税制和税率的确定要适合本国的实际情况，以便提高水资源利用效率，保护水资源生态环境。

税收优惠覆盖范围较广。荷兰鼓励企业使用节水设备，对使用减少水污染的专门设备进行生产的工厂，允许对设备加速折旧，并且政府出资赞助企业研发节水生产设备。法国和德国政府更加重视对节水纳税人的奖励。法国会对使用可减少水污染专用设备的纳税人发放奖金，会对进口节水、治理污染等环保产品的纳税人减免进口关税。德国对小额取水量纳税人也有许多优惠，对年取水量在一定范围内的纳税人减半征收，甚至免征水资源税。俄罗斯在全面征收水资源税的同时，对一些关系国计民生的水资源使用给予特殊优惠政策，例如，环保航运、渔业生产、土壤改良、国防用水以及儿童游乐场用水等方面[57]。我国政府可以借鉴上述国家的有益经验，通过采取税收优惠措施，减轻企业税负，引导企业的绿色投资和居民的绿色消费。

制定合理的税率制度。水资源税成熟的国家都在不同发展阶段进行过不同程度的改革，而税率的设计无疑是改革的重要内容。以俄罗斯为例，该国水资源税税率范围的决定权在中央政府手中，但是各级地方政府具有制定具体实施细则的裁量权。这属于一种典型的中央与地方合作的税率制定模式。荷兰各地的污染与治理状况差异明显，因此，中央政府针对不同的地区采取不同的税率。

水资源税专款专用。俄罗斯水资源税的征管由执行地税务机关负责，水资源税收入主要用于补充中央国库和地方国库，归属中央部分的税收主要用于发展水资源事业，归属地方部分的税收则主要用于水资源开发与管理。荷兰水资源税款也实行专款专用，其中，水污染税款主要用于净化和保护地表水，地下水税款用于管理并恢复地下水生态环境，都取得了良好的效果。德国的税款收入主要用于对水资源利用保护中利益受损群体的补偿。

3.3 问题分析

3.3.1 现行资源税存在的问题

一是资源税的征收范围较窄。与加拿大、巴西、法国、菲律宾等国家相比，我国资源税征收范围仍较为狭窄。当前，我国资源税的征收范围局限在能源矿产、金属矿产、非金属矿产、水汽矿产和盐等领域，而林业、草地等具有较高生态价值的自然资源没有被覆盖在内。同时，当前资源税在矿藏资源方面的征收范围也比较狭窄，许多重要的矿石种类未被列入其中。未对林地、草地等自然资源征收资源税，导致资源管理出现空缺，且林业、草地等资源具有很大的经济价值，被大量开发利用，严重破坏了生态环境[58]。

二是税率过低导致调节作用不能有效发挥。我国当前资源税的税率相比其他税率处于较低的水平，与国外相比，总体也偏低。例如，美国、加拿大等发达国家资源税率一般都超过 10%；巴西作为发展中国家，其资源税费负担水平在 10%～15%。而我国对原油、天然气、煤等资源制定的税率仅为 2%～10%。所征收的资源税税费与开采资源所获得的收益差距较大，不能有效发挥其调节作用。此外，不同资源之间的税率差距较小，不能体现稀缺资源的“特殊地位”。

三是资源税收入分配格局不合理。现行的资源税收制度规定资源税收入由中央与地方共享，且企业要按规定足额缴纳资源税，以增强政府对资源调节的掌控能力。但在实际税收收入分配中，利益分配格局失衡的问题较为严重，地方税收积极性较低，部分企业资源开发利润过高。我国自然资源的分布呈现严重的不均衡现象，将资源税作为地方收入，直接加剧了全国地区间税收分配的不均衡。

四是部门协作机制存在一定障碍。《资源税法》第九条规定了职能部门之间的合作机制：“税务机关与自然资源等相关部门应当建立工作配合机制，加强资源税征收管理。”但是，建立工作配合机制的前提是明确各部门在资源税征收过程中的具体职责与分工。职责应如何分配，责任应如何承担，具体工作程序要如何开展，一些职责难以明确划分时，究竟应属于税务机关还是自然资源部门，由哪个部门来裁定两个部门的不同意见，等等。对于这些问题，《资源税法》中缺少进一步的规定和说明，为现实中资源税征管工作留下了缺口。

3.3.2 水资源税改革存在的问题

一是水资源税计量环节的征纳矛盾突出。当前，水资源税试点改革实行从量计征，税额的多少与取用水量密切相关。然而，从试点改革实践情况来看，由于取水计量设施的安装成本较高，经济较落后的试点地区（如宁夏、内蒙古）存在取水计量设施的安装覆盖面较小以及安装后运行不正常、计量设施老化停用等现象。对于各种原因无法办理用水许可证的企业，税务机关在征税时采用了加倍征收的方法，也进一步增加了征纳矛盾。

二是水资源税收入的用途尚未明确。无论是《水资源税改革试点暂行办法》《扩大水资源税改革试点实施办法》《资源税法》，还是各地出台的办法，均未明确水资源税的用途和支出方向，而是仅抽象规定其在各级政府间的分成比例。由于《取水许可和水资源费征收管理条例》规定了水资源费实行专款专用，费改税后，不再征收水资源费，水资源税又全额纳入地方财政，不再作为水资源专项经费，水资源管理缺乏固定的、收支相连的经费保障。尽管相关规定明确由同级财政预算统筹安排和保障主管部门的相关支出，但在实践中仍有部分地方经费保障落实不到位，影响到基层水资源税征收和水资源管理工作。

三是部门间配合机制不够健全。水资源税改革试点的顺利推进不仅依赖税务机关，还需要水利部门、住房和城乡建设部门等多部门协调配合。目前，水利部门在水利核准、纳税人信息移交方面，通过与税务机关的协作配合已取得了良好的成效，但税务机关与其他部门的协调还存在不足。以公共供水管网覆盖范围的确定为例，新铺公共供水管网一般由当地住房和城乡建设部门负责，而水资源税试点地区的税务机关往往仅和水利部门建立了良好的合作协调机制，并未与住房和城乡建设等部门签订合作协议，当出现新铺公共供水管网的情况时，税务机关就不能及时掌握新铺管网相关信息。这同样会给水资源税征收管理带来一定困难。

3.4 改革建议

3.4.1 资源税改革的建议

一是逐步扩大资源税的征收范围。林业、草地等生态价值较高的资源在未来社会发展中占有越来越重要的地位，开发这些资源将会带来较大的经济效益。按照“相对扩围”的思路，资源税的扩围应当结合我国各资源的禀赋差异、稀缺程度等，积极创造条件，逐步将森林、草场、滩涂等自然资源纳入征收范围[59]。在实践中，重点考虑资源的储备量、利用成熟度、保护需求及税收征管水平等，遵循“由易到难”的原则稳步扩大征收范围，明确所征收的具体条目，使征收更加规范化、具体化[60]。扩大征收范围时，考虑各种自然资源不同的特征，根据不同资源的特殊性实施不同的资源税政策，采用合理的征收方式和征收原则，使资源税的衡量测度符合各种资源的特点。

二是适当提高资源税税率。从国外经验来看，美国和俄罗斯均采用动态税率，资源税税率大都在10%～15%。我国应根据各地区资源条件及经济发展差异、企业承受能力等因素，规定资源税税率变动幅度，授权省级政府按照税费平移原则，适当提高稀缺资源的税率，适当降低发展中行业的税率，使税率政策符合当地经济状况和行业发展状况。同时，应考虑稀缺资源类型和现行征管水平，对稀缺性资源、非替代性资源、不可再生性资源，调高现行税率标准。进一步发挥资源的调节级差功能，促进企业重视资源回采与重复使用，推动资源的合理开发，避免资源浪费与生态破坏[61]。

三是完善资源税利益分配机制。建议将资源税设定成中央政府的专有税种，充分发挥中央政府独有的统筹功能，使资源得到合理开发，促使中央政府与地方政府、产地政府与消耗地政府间的收益分配关系得到有效协调。现行的资源税收入以中央地方共享为基础，建议将海洋、石油和天然气以外的其他资源也纳入共享税范围，由中央政府统一管理征收，充分发挥资源税宏观调控作用，平衡各地经济发展差距，适当降低地方政府在资源保护中的支出比例，减轻财政压力。同时，应根据不同地区资源禀赋差异，设置不同的共享政策，如对西部经济欠发达但资源储量丰富的省份，适当提高资源税税收的分享比例。

四是进一步强化部门协作机制。建议税务机关与自然资源部门参考《环境保护税法》实施后生态环境主管部门与税务机关具体工作配合机制的建立模式，并结合自然资源部门的工作特点，发挥各部门的专业优势，就建立工作配合机制尽早出台专门的工作制度，细化具体的协作义务，明确各方的责任，实现相关部门合作的规范化和法制化。

3.4.2 完善我国水资源税改革的建议

一是加大取水计量设施投入。在全国范围内安装好、维护好取水计量设施，实现取水计量设施的规范化管理，对全面推广水资源税改革至关重要。对于经济相对发达的地区，政府可以直接划拨资金，或者给予企业补贴以提高其安装取水计量设备的积极性。对于落后地区，中央可以考虑提供给地区政府专项财政拨款，或者制定税收优惠政策来鼓励企业自行安装设备。同时，可以积极进行技术革新，采取税收成本更低的方式核定取水用水量。从长远来看，随着水资源税改革的日臻完善，可以考虑将从量计征改为从价计征，这不仅符合我国资源税的改革趋势，也是吸取国外成熟水资源税税制实践经验后向国际税收改革趋势靠拢的重要步骤。

二是明确水资源税收入专款专用。水资源税收入专款专用可以固定预算支出，限制政府对该项资金的支配权，并有助于强化对预算资金使用的监督，从而为水资源的保护和节约提供一个固定、连续的资金来源[62]。可以建立水资源治理保护专项基金，用于建设水利工程、治理水污染、研发节水技术和设备、购入环境监测仪器等；地方财政部门建立税款预算和使用计划，科学合理地使用税款。加强对税款使用的监管，并建立税款使用的绩效评估制度，提高税款在保护水资源和生态环境方面的使用效率。

三是完善水资源税制设计。我国地域广阔，各地区水资源总量、人口密度及城市发展程度差异较大，应该因地制宜地制定基本税率，各省份根据实际情况在一定范围内自行上下调整。为发挥水资源税的调控作用，还应对超采地下水、超标排放污染物、浪费水资源等行为实行差别税率[63]。在制定税率时要综合考虑地域、经济发展水平等因素，设立基准税率和浮动税率，如对居民用水者和工业用水者分别实行从低到高的税率[64]。在计征方式上，可将从量计征向从价计征逐渐转变。

四是加强税务机关与其他部门的信息共享与协调合作。加快建立税务机关、水利部门、住房和城乡建设部门等多部门间的信息共享平台。一方面，确保负责水资源税征管的税务机关及时获得水资源取用量、用水结构等信息；另一方面，方便多部门之间及时协商，提高联合监管水平。针对公共供水管网管理而言，可将税务系统与水资源使用情况动态系统相连接，时刻了解公共供水管网覆盖范围以及在覆盖范围内是否存在违规开采现象，并及早采取措施，禁止不适当的开采行为。

五是以税收优惠政策激励促进全民节水。对节约用水、减少水污染的行为给予税收优惠，以培养纳税人的节水意识，鼓励节水行为。为鼓励研发和使用节能新技术，对研发节能新技术、购买先进节能设备的企业，允许固定资产加速折旧、研发费用加计扣除。享受其他税种的配套优惠政策。为培养企业节水意识，可以对生产和使用节水设备的企业减免部分税收；为激励科研人员研发节水科技成果，可以对相关领域的工作人员适当给予个人所得税的优惠等。

4 交通类环境税收政策

4.1 进展情况

4.1.1 车辆购置税

车辆购置税是机动车购置环节的一个重要税种，主要是针对购置（包括购买、进口、自产、受赠、获奖或者其他方式取得并自用）应税车辆的单位和个人，应税车辆包括汽车、有轨电车、汽车挂车、排气量超过 150 mL 的摩托车等。车辆购置税可通过增加汽车和能源消费的成本，调节汽车购置，引导减排行为。因此，车辆购置税也属于绿色税收体系，具有一定的环保意义。近年来，我国有序推动绿色低碳发展，制定和实施了一系列促进小排量汽车和新能源汽车发展的车辆购置税优惠政策。2014—2020 年，全国财政已累计减免新能源汽车的车辆购置税 1 000 亿元。2020 年，全国车辆购置税收入 3 531 亿元，同比增长 0.9%。

继续延长新能源汽车免购置税政策时限。2020 年 4 月 16 日，财政部、国家税务总局、工业和信息化部发布《关于新能源汽车免征车辆购置税有关政策的公告》，将新能源车免征购置税政策延至 2022 年 12 月 31 日。同年 3 月和 4 月，工业和信息化部、国家税务总局发布了第三十批和第三十一批免征车辆购置税的新能源汽车车型目录。

4.1.2 小汽车消费税

小汽车消费税通过加征税收提高产品价格，一方面有利于引导消费者对燃油车和新能源汽车的消费选择，另一方面有助于调节消费者对不同排量小汽车的需求，从而达到调节燃油车总消费量及不同排量汽车消费结构的目的，最终达到减轻汽车排放污染、保护环境的目的。

小汽车消费税助力小排量汽车发展。小汽车消费税通过征税增加高排放量汽车的成本，不仅影响了消费者对不同排量乘用车的选择，更影响了汽油车生产商的发展方向。从乘用车消费结构来看，在综合考虑小汽车的性能（如发动机功率、配置）后，消费者主要倾向于购买排放量为 1～2 L 的乘用车，也就是普通轿车和中级轿车。且受小汽车消费税的影响，小排量汽车的 1.3 L 乘用车逐渐成为 1.6 L 后的“新黄金排量”汽车。传统汽油车要实现可持续发展，发动机实现小型化、紧凑化、低油耗化是不能逾越的发展阶段。近五年来，汽车生产商集中生产 1～2 L 排放量的乘用车，大部分“元老级”汽车生产商也加快生产 1.3 L 排量的乘用车。2020 年 6 月，工业和信息化部等五部门共同发布《关于修改〈乘用车企业平均燃料消耗量与新能源汽车积分并行管理办法〉的决定》（工业和信息化部、财政部、商务部、海关总署、国家市场监督管理总局令第 53 号），增加了引导传统能源乘用车节能的措施；2021—2023 年，逐步加大低油耗车型核算优惠力度，以促进低油耗标准的汽车生产发展。

4.1.3 车船税

车船税是指对我国境内应依法到公安、交通、农业、渔业、军事等管理部门办理登记的车辆、船舶，根据其种类，按照规定的计税依据和年税额标准计算征收的一种财产税。2019 年，全国车船税收入为 880.95 亿元。

节能、新能源车船享受车船税优惠政策。2018 年 7 月，财政部、国家税务总局、工业和信息化部、交通运输部下发《关于节能新能源车船享受车船税优惠政策的通知》（财税〔2018〕74 号），要求对符合标准的新能源车船免征车船税，对符合标准的节能汽车减半征收车船税。为促进节约能源、使用新能源的汽车产业发展，2020 年 3 月、4 月和 6 月，工业和信息化部、国家税务总局先后发布了《享受车船税减免优惠的节约能源　使用新能源汽车车型目录（第十四批）》（工业和信息化部　国家税务总局公告　2020 年第 10 号）、《享受车船税减免优惠的节约能源　使用新能源汽车车型目录（第十五批）》（工业和信息化部　国家税务总局公告　2020 年第 18 号）、《享受车船税减免优惠的节约能源、使用新能源汽车车型目录（第十六批）》（工业和信息化部　国家税务总局公告　2020 年第 24 号）。

专栏 4-1　享受车船税优惠政策的节能、新能源车标准

一、节能汽车，减半征收车船税

（一）减半征收车船税的节能乘用车应同时符合以下标准：

1. 获得许可在中国境内销售的排量为 1.6 L 以下（含 1.6 L）的燃用汽油、柴油的乘用车（含非插电式混合动力、双燃料和两用燃料乘用车）；

2. 综合工况燃料消耗量应符合标准。

（二）减半征收车船税的节能商用车应同时符合以下标准：

1. 获得许可在中国境内销售的燃用天然气、汽油、柴油的轻型和重型商用车（含非插电式混合动力、双燃料和两用燃料轻型和重型商用车）；

2. 燃用汽油、柴油的轻型和重型商用车，综合工况燃料消耗量应符合标准。

二、对新能源车船，免征车船税：

（一）免征车船税的新能源汽车是指纯电动商用车、插电式（含增程式）混合动力汽车、燃料电池商用车。纯电动乘用车和燃料电池乘用车不属于车船税征税范围，对其不征车船税。

（二）免征车船税的新能源汽车应同时符合以下标准：

1. 获得许可在中国境内销售的纯电动商用车、插电式（含增程式）混合动力汽车、燃料电池商用车；

2. 符合新能源汽车产品技术标准；

3. 通过新能源汽车专项检测，符合新能源汽车标准；

4. 新能源汽车生产企业或进口新能源汽车经销商在产品质量保证、产品一致性、售后服务、安全监测、动力电池回收利用等方面符合相关要求。

4.1.4 其他税种

二手车经销企业销售旧车减征增值税。2020 年 4 月，国家发展改革委等部门发布《关于稳定和扩大汽车消费若干措施的通知》（发改产业〔2020〕684 号），不仅对新能源汽车相关政策进行了规定，还对报废老旧柴油货车和二手车流通交易提出了要求。为了加快淘汰老旧柴油货车，支持京津冀及周边地区、汾渭平原等重点地区提前淘汰国三及以下排放标准的营运柴油货车，中央财政将统筹车辆购置税等现有资金渠道，通过“以奖代补”方式，支持引导重点地区完成淘汰 100 万辆的目标任务。同月，财政部、国家税务总局发布《关于二手车经销有关增值税政策的公告》（财政部　国家税务总局公告　2020 年第 17 号），规定自 2020 年 5 月 1 日至 2023 年 12 月 31 日，从事二手车经销的纳税人销售其收购的二手车，由原按照简易办法依 3%征收率减按 2%征收增值税，改为减按 0.5%征收增值税。

二手车交易量逐步攀升。二手车是指在公安交通管理机关登记注册，在达到国家规定的报废标准之前或在经济使用寿命期内服役，并仍可继续使用的机动车辆。制造一辆车的碳排放占了车辆全生命周期碳排放的 35%，扩大二手车流通不仅有利于资源利用最大化，还有助于减少汽车制造带来的碳排放，促进节能减排。对二手车经销企业销售旧车，减至按销售额的 0.5%征收增值税，税额下调幅度达 75%，这直接降低了二手车商企业化运营成本，激发了二手车市场活力。在税收优惠政策和其他配套政策的激励下，2020 年 11 月，全国二手车交易量为 157.38 万辆，同比增长 13.74%；12 月，交易量达 170.79 万辆，创历史新高，同比增长 1.27%。

4.2 问题分析

汽车整体税负较重[65]。在我国现行税制中，一辆汽车产品从生产、销售到使用需要直接缴纳的税种有增值税、消费税、车辆购置税、车船税、成品油消费税等，间接缴纳的税种主要有汽车生产、销售等企业缴纳的城市维护建设税、教育费附加、地方教育附加、房产税、城镇土地使用税、印花税、企业所得税等，进口整车和零部件还需缴纳进口关税。据测算，购置环节我国车主至少需缴纳 31%的税款，而美国只需缴纳不到 10%的税款，日本仅为 7%。高额的税负不仅加重了消费者的负担，也不利于汽车行业绿色低碳转型升级。

小汽车消费税、车船税税率并未直接与减排挂钩。小汽车消费税和车船税中，乘用车税率是以排量划分。根据传统，汽车排量大的必然油耗高，必然不节能环保。但如今，随着汽车技术的发展，燃油车发动机已经有高达 41%的热效率，加上越来越多的生产商采用传统燃油机+电机的混动技术路径，使得大排放汽车油耗大幅降低。除此之外，受到车重、车况和路况的影响，汽车耗油情况不定。相同排气量的乘用车排放的二氧化碳、一氧化碳、二氧化硫等污染物的含量不同，对环境造成的污染程度也不同。因此，油耗和空气污染排放之间并非存在正比关系，用排量划分税率并不合理，对于调节消费结构和引导生产商生产低油耗小汽车的作用不明显。

征收环节局限在前端抑制了小汽车消费税调控作用。从征收环节来看，我国汽车购置环节税负约为 60%，使用环节约为 35%，保有环节仅为 5%。以小汽车消费税为例，除超豪华小汽车在零售环节加征消费税外，其他小汽车均在生产（进口）环节征收。一方面，对于生产企业来说，提前垫付消费税导致资金被大量占用，影响企业进行技术创新、产品研发，不利于汽车行业的可持续发展。另一方面，只在生产环节征税限制了小汽车消费税矫正负外部性的调控功能，消费者购买排量相对较大的小汽车时，其承担的实际税负远低于法定税负，这使小汽车消费税对消费者的调控作用受到影响[66]，不利于其发挥引导绿色消费的作用。

新能源汽车税收优惠政策仍需完善。一是关于新能源汽车的税收优惠政策主要集中在前端购置环节和使用环节，缺乏对生产环节技术创新的支持，对于关键性零部件的生产环节，目前仅有新能源电池免征消费税这一项优惠政策，优惠力度不足[67]。二是配套政策尚未完善。新能源汽车发展所需的区域基础设施建设进度良莠不齐，现推行的“双积分”

制度还不成熟，交易细则不明确，“双积分”的定期报告制度、第三方交易规则等还需进一步完善。

4.3 改革建议

合理调整汽车消费税负。实现汽车产业的转型发展，减轻汽车消费税负是首要任务。通过减免税等税收优惠政策，减轻汽车消费总体税负，降低购车成本，扩大国内汽车消费市场，为汽车产业的绿色转型发展提供动力。同时，加大对汽车绿色节能减排技术发展的财税优惠政策力度，鼓励汽车生产商实现商用车的节能减排，推动汽车行业绿色可持续发展。

建立以能耗和排污量为基础的汽车税费体系[68]。一是以燃油消耗量和尾气污染物的排放量而不是以发动机排量作为汽车税费征税基础，并在原来的基础上设立不同梯度的税率。二是在汽车特有的税种中引入燃油消耗量或能耗因素，如对小汽车征收消费税、车辆购置税和车船税时，对不同排污等级的车辆实行差别税率，高污染的机动车需要缴纳更高的税款来补偿对环境的污染，而低污染汽车实行低税率，或设置一定的补贴，实行税收返还政策，以达到限制购买高污染车辆的目的。

汽车消费税征收环节后移。将汽车消费税征收环节由目前的生产环节后移至销售环节。一方面，减少税收对汽车生产企业流动资金的大量占用，促使企业更好地将资金投入技术创新、产品研发，从而推动汽车产业绿色高质量发展。另一方面，充分发挥小汽车消费税的调节功能，引导消费者自主选择绿色消费，树立绿色消费观，促进交通运输绿色发展，助力深入打好蓝天保卫战。

进一步完善新能源汽车的税收优惠政策。一是在投入和使用环节加大对新能源汽车的政策支持力度，完善覆盖新能源汽车的购置类、基础设施类、使用类税收优惠政策。综合利用免税、减税和税收抵扣等多种税收优惠政策，促进新能源汽车的技术研发。二是加大配套政策的推行力度，发挥非货币性政策的持续性和有效性作用。加快完善城市公共充电桩系统建设、基础配套设施建设等，及时完善“双积分”政策，助推新能源汽车产业发展。

5

其他税收绿色化政策

5.1 进展情况

5.1.1 增值税绿色税收政策

鼓励资源综合利用是增值税绿色税收政策的核心内容。利用增值税即征即退优惠政策，引导企业高效利用资源，对工业生产过程中的废渣、废水（液）、废气、余热、余压等进行回收利用，不仅有利于提高经济效益，还有助于实现减污降碳、促进可持续发展目标实现。享受增值税即征即退优惠政策的企业实际包括两类：一类是自身产生废弃物、回收再利用的工业企业；另一类是依赖于上游企业废弃物的环保企业，如污水处理企业、利用废弃物发电企业等[69]。资源综合利用税收优惠政策通过增加企业退税收益，降低企业税负，一方面，促使工业企业主动进行设备改造和绿色技术创新，提高废弃物再生产、再利用的能力和水平。另一方面，推动再生资源回收行业发展，促使环保企业加大对废弃物的收购力度和综合利用，提高再生资源行业的专业性和规模经济性[70]。

2021 年，全国增值税收入为 56 791 亿元，同比下降 8.9%。

增值税优惠政策助力磷石膏资源综合利用行业发展。2019 年 10 月，财政部、国家税务总局发布《关于资源综合利用增值税政策的公告》（财政部、国家税务总局公告 2019 年第 90 号），提高磷石膏产品综合利用退税比例，扩大磷石膏资源综合利用增值税即征即退的产品目录范围，降低了企业退税门槛，有利于促进磷石膏综合利用行业可持续健康发展，缓解我国约 5 亿 t 磷石膏堆存产生的和潜在的环境风险问题。2019 年，由于磷石膏产品质量参差不齐，市场推广应用阻力大，磷石膏实际综合利用率仅为 40%，同比下降 3.22%。2020 年，在税收优惠政策和财政补贴的双重作用下，我国磷石膏产品质量逐渐提升，部分省份的磷石膏综合利用率显著提高，如湖北省宜昌市 2020 年年底新增磷石膏综合利用能力 185 万 t/a 以上，磷石膏综合利用率超过 40%，同比增长约 10 个百分点。贵州省 2020 年 1—8 月磷石膏利用处置 869.71 万 t，比上一年同期增加 468.71 万 t，利用处置率高达 99.22%。2020 年 9 月，贵州省黔南州人民政府办公室出台《关于印发黔南州支持磷石膏资源综合利用奖补方案的通知》，进一步加大对磷石膏产品综合利用的支持力度。

再生资源行业发展迎来机遇期。2015 年，财政部、国家税务总局印发《资源综合利用产品和劳务增值税优惠目录》（财税〔2015〕78 号），扩大再生资源行业享受增值税优惠政策的范围，并按不同品种实行不同比例的增值税即征即退政策，优惠比例为 30%～70%。这在一定程度上降低了再生资源行业里利废加工企业的税负，促进了再生资源行业规模化和专业化发展。目前，我国共有固体废物处理相关企业 5.4 万家，2020 年上半年共新注册固体废物相关企业 0.98 万家，同比增长 63.3%。此外，为了进一步规范和推动再生资源行业发展，2020 年，各地纷纷出台再生资源回收利用发展、资源综合利用发展等规划。如山西省发布《山西省节能与资源综合利用2020年行动计划》，计划2020年全省大宗工业固体废物综合利用量达到1亿t以上，其中煤矸石6 500万t、粉煤灰2 100万t、脱硫石膏400万t、冶炼渣1 000万t。成都市发布《成都市再生资源回收利用发展规划（2020—2025)》，计划5年内建成4 000个社区再生资源回收站点，再生资源主要品种综合回收利用率不低于80%。随着各地对环境治理和再生资源回收利用的重视程度不断提高，利好政策及相关税收政策的出台和更新，我国再生资源行业将迎来全新的发展机遇期。

5.1.2 企业所得税绿色税收政策

企业所得税绿色税收政策不仅有利于减轻相关企业税负，缓解企业资金紧张压力，还有利于激发环保市场活力，促进环保产业发展。我国现行的企业所得税绿色税收政策主要涉及免、抵、减三种方式[71]，分别是企业所得税三免三减半、环境保护专用设备企业所得税优惠、资源综合利用企业所得税优惠和污染防治第三方治理企业所得税优惠政策等。2020年，全国企业所得税收入为36 424亿元，同比下降2.4%。

西部大开发企业所得税政策拟新增部分节能环保类、鼓励类产业。2020年4月，财政部、国家税务总局、国家发展改革委发布《关于延续西部大开发企业所得税政策的公告》（财政部公告　2020年第23号），规定自2021年1月1日至2030年12月31日，对设在西部地区的鼓励类产业企业减按15%的税率征收企业所得税。其中，鼓励类产业企业是指以《西部地区鼓励类产业目录》中规定的产业项目为主营业务，且其主营业务收入占企业收入总额60%以上的企业。2020年8月，国家发展改革委发布《西部地区鼓励类产业目录（2020年本，征求意见稿)》，西部各省份均新增节能环保类鼓励类产业，如重庆市新增节能环保材料预制装配式建筑构部件生产产业，四川省新增 3 000 t/a 以上氧化钒清洁生产技术开发及应用产业等。

税收优惠促进环境污染第三方治理发展。2019 年 3 月，财政部、国家税务总局、国家发展改革委、生态环境部联合发布《关于从事污染防治的第三方企业所得税政策问题的公告》（财政部、税务总局、国家发展改革委、生态环境部公告　2019 年第 60 号），规定从 2019 年 1 月 1 日至 2021 年年底，对污染防治第三方治理企业（以下简称“第三方治理企业”）减按 15%税率征收企业所得税。第三方治理企业是推进环保设施建设和运营市场化、专业化、产业化的重要途径，是提升我国工业园区污染治理绩效的重要手段。一方面，第三方治理税收优惠政策的落地增加了有污染治理资质的企业数量，促进了第三方治理行业蓬勃发展，如无锡市 2020 年持有危险废物许可证单位 61 家，危险废物年处置利用能力达 200 多万 t[72]。另一方面，工业园区一直是环境污染第三方治理试点工作的重点[73]。2020 年，各地相继出台相关配套政策，深化园区环境污染第三方治理发展。如山东省推行环境污染第三方治理、环保管家等环境治理模式，2021 年年底前完成全省 5 处园区、小城镇环境综合治理托管服务试点；再如，浙江省强化第三方治理项目监管，发布《关于进一步加强政府委托第三方治理项目监管的方案（征求意见稿）》等。此外，环境污染第三方治理试点园区也在积极推进相关工作，如荆门化工循环产业园已策划污染减排、资源综合利用、公共服务平台建设等 3 类 7 个项目，总投资 10.85 亿元。

5.1.3 消费税绿色税收政策

消费税的绿色税收政策主要是依据消费品对环境损害程度进行税

收歧视，从而引导消费倾向的政策[74]。消费税通过加征税收，提高产品价格，加重消费者的经济负担，有利于改变消费者对部分高能耗、高污染产品的消费选择，调节消费结构，从而倒逼企业注重环境保护和绿色发展。近年来，我国不断推动消费税改革，陆续出台诸多消费税绿色税收政策，更加注重发挥消费税的资源环境保护作用，引导绿色消费、绿色出行，助推我国社会经济高质量发展。2021 年，全国消费税收入为 12 028 亿元，同比下降 4.3%。

废矿物油利用率逐步提升。2018 年 12 月，财政部、国家税务总局发布《关于延长对废矿物油再生油品免征消费税政策实施期限的通知》（财税〔2018〕144 号），规定延长以回收的废矿物油为原料生产的润滑油基础油、汽油、柴油等工业油料免征消费税政策，截至 2023 年 10 月 31 日。对废矿物油的再生利用不仅有利于环境保护和资源综合利用，还能促进循环经济发展。我国通过制定相关环保政策和税收优惠政策，引导和鼓励废矿物油处理回收利用行业更加科学化、规范化和合理化，切实提高废矿物油的质量和运作效率，促使整体行业走可持续发展路线。2019 年，我国废矿物油回收利用量约 578.2 万 t，相较 2013 年增加 42%，废矿物油再生行业市场规模为 439 亿元。

5.1.4 进口关税绿色税收政策

近年来，大量的“洋垃圾”进入我国，严重污染了我国的生态环境。2016 年，全国固体废物进口高达 4 655 万 t。这加大了我国环境污染治理、环境保护的压力。为了限制固体废物进口，我国积极发挥关税的绿色功能，提高固体废物进口关税税率，抑制固体废物进口，缓解国内固体废物资源综合利用的压力，促进我国经济环境可持续发展。

取消部分固体废物进口暂定税率。2019 年 12 月，国务院关税税则委员会发布《2020 年进口暂定税率等调整方案》，规定自 2020 年 1 月 1 日起，取消钨废碎料和铌废碎料两种商品进口暂定税率，恢复执行最惠国税率，具体变动情况见表 5-1。钨废碎料和铌废碎料的进口关税税率较 2019 年明显提高。

表 5-1　2020 年固体废物进口税率变动情况

海关编码	商品名称	最惠国税率	2019 年进口暂定税率
8101970000	钨废碎料	6%	0%
8112924010	铌废碎料	3%	0%

数据来源：根据《2019 年进口商品最惠国暂定税率表》整理。

调整部分商品进口关税。2020 年 12 月，国务院关税税则委员会发布《关于 2021 年关税调整方案的通知》。一方面，为改善空气质量，支持环保产品生产，降低柴油发动机排气过滤及净化装置、废气再循环阀等商品进口关税。为鼓励国内有需求的资源性产品进口，降低木材和纸制品、非合金镍、未锻轧铌等商品的进口暂定税率，并适度降低棉花滑准税。另一方面，根据国内产业发展和供需情况变化，为贯彻落实《中华人民共和国固体废物污染环境防治法》，2021 年 1 月 1 日起，相应取消金属废碎料等固体废物进口暂定税率，恢复执行最惠国税率。部分商品进口暂定税率变动情况见表 5-2。铸铁废碎料等固体废物进口税率较 2020 年明显提高，而废气再循环阀等环保产品进口税率明显降低。

表 5-2　2021 年部分商品进口暂定税率变动情况

海关编码	商品名称	2021 年最惠国税率	2021 年进口暂定税率	2020 年进口暂定税率
72041000	铸铁废碎料	2%	—	0%
72043000	镀锡钢铁废碎料	2%	—	0%
72044100	机械加工中产生的废料	2%	—	0%
84213930	柴油发动机排气过滤及净化装置	5%	3%	—
84818040	废气再循环阀	7%	5%	—
44160010	包括桶板的辐射松制大桶、琵琶桶、盆和其他木制箍桶及其零件	12%	5%	9%
48193000	底宽 40 厘米及以上的纸袋	6%	3%	5%
75021090	其他非合金镍	3%	1%	2%
81129240	未锻轧铌（铌废碎料除外）	3%	0%	1%

数据来源：根据《2021 年进口商品暂定税率表》整理。

固体废物进口量缩减明显。除了提高进口关税的政策之外，2020 年 11 月，生态环境部、商务部、国家发展改革委、海关总署联合发布《关于全面禁止进口固体废物有关事项的公告》，规定自 2021 年 1 月 1 日起禁止以任何方式进口固体废物。在环境政策和绿色关税的双重作用下，我国“洋垃圾”进口大幅缩减，截至 2020 年 11 月 15 日，全国固体废物进口总量仅为 718 万 t，同比减少 41%，仅为 2016 年的 1/6。

5.2 问题分析

再生资源行业实际税负较重。一是增值税优惠政策链条不完整。废弃资源大部分来源于民间，少部分来源于企业。来自民间的部分没有进项税，而来自企业的部分，企业将其视为已使用过的固定资产进行销售，只开具增值税普通发票，导致加工利用企业的增值税进项税额无法抵扣，进项成本难以落实认定，企业实际税负大。二是加工环节资源综合利用增值税优惠政策条件较为苛刻，再生资源加工利用企业多为中小微企业，较难满足目前的优惠政策条件，只有少数企业能真正享受税收优惠政策。三是我国增值税优惠政策只针对再生资源后端利废加工企业，而处于资源循环利用前端的回收拆解企业自 2009 年取消增值税优惠政策后再无优惠，这导致前端回收企业税负增加，不利于资源回收利用行业的发展[75]。四是增值税资源综合利用目录更新速度慢。目前，我国实行的增值税优惠目录仍是 2015 年版的，不能完全适应目前的资源综合利用行业发展情况。如废旧铝模板回收循环利用作为新兴产业，虽然根据国家发展改革委《产业结构调整指导目录》（2019 年版）属于国家产业结构调整目录鼓励类的产业，但由于其未能列入增值税优惠目录，仍无法享受税收优惠政策。

企业所得税优惠政策有待改进。一是优惠目录更新速度较慢，目录范围较窄。无论是《节能节水和环境保护专用设备企业所得税优惠目录（2017 年版）》，还是《资源综合利用企业所得税优惠目录（2008 年版）》，都未能及时更新。由于两种目录均采用正列举方式，即不在目录范围内的，即使属于节能节水、环境保护范畴的设备和资源综合利用的产品，也不得享受优惠政策。新技术、新装备、新产品及新产业不断出现和发展，如果不能及时更新优惠目录，将无法切实落实企业所得税优惠政策和鼓励企业使用新成果、新技术来提高节能减排的效果。二是税收优惠政策协同性不足。一方面，与增值税资源综合利用政策相比，企业所得税优惠政策对资源综合利用同种项目的技术标准要求更高，优惠力度更小[76]。比如，以煤矸石为原料制砖，增值税优惠政策不仅没有原料比例的要求，还可享受50%的即征即退的优惠；而企业所得税的优惠条件为原料比例达到70%，且仅能享受90%减计收入的优惠。由于增值税和企业所得税的税收优惠条件和优惠力度存在差异，影响了税收优惠政策的适用性和激励作用。另一方面，第三方环境治理配套政策不完善。由于第三方治理项目质量监管及第三方服务机构监管评价机制尚不健全，在实践中可能出现偷排漏排、弄虚作假、人为干扰监测数据等违法违规行为[77]，不利于发挥税收优惠政策的引导作用。

消费税优惠范围有限。一是消费税对危险废物回收利用的免税范围较小。目前我国危险废物回收利用的消费税优惠政策只针对废矿物油一种产品，废铅蓄电池等其他危险废物的回收利用无法享受该项优惠政策，这不利于推动危险废物回收利用的整体发展。危险废物回收利用有着较大的处理设施投资成本和建成后的运行费用，需要大量的资金和技术投入，亟须各类政策扶持。针对危险废物回收利用产品的税收优惠政策可以减轻企业的经营成本和负担，促进危险废物回收利用产业的发展。二是消费税优惠政策连续性不强。依据《财政部　国家税务总局关于对废矿物油再生油品免征消费税的通知》（财税〔2013〕105 号），从 2013 年 11 月起，对废矿物油再生油品免征消费税，政策实施期限为 5 年。至今该项政策已延长 1 次，也就是截至 2023 年。废矿物油的回收利用周期较长，对税收优惠政策的连续性要求较高。实施期限仅 5 年的税收优惠政策增加了企业长期发展的经营压力和不确定性风险。如果免税政策不能延续，企业经营成本将大大提高。企业出于成本和风险的考虑，可能偏向于投资回报快的业务，而非将大量人力、资本投入耗时耗力的危险废物再生利用产业[78]。

进口关税“绿色化”程度不足。目前我国开征的环境保护税主要规制的是域内及管辖海域的污染排放问题，而针对进口导致的高污染高能耗问题尚未涉及。关税作为调节产业结构和对外贸易结构的重要一环，并未发挥应有的生态环境保护的“绿色”职能作用。保护生态环境及绿色发展理念尚未融入现行的关税法律制度，具有环保效果的税收条款散见于各种法规中，不成系统，这无疑会成为我国“绿色”税收制度体系的一块短板，会对我国生态环境和资源保护产生直接的损害与威胁[79]。因此，将“绿色环保”思想融入海关税收法律制度、增加关税“绿色化”程度是完善环境税收体系和促进生态文明建设的重要一环。

5.3 改革建议

进一步提高增值税优惠政策的适用性。一是完善增值税优惠链条。建立覆盖资源开采利用到废弃物最终处置全过程、全环节的税收政策体系和覆盖资源全生命周期的税收优惠政策。统筹考虑原生资源与再生资源，产废、收废、加工、利用、最终处置各环节的关系和增值税优惠政策的链条完整性，扩大增值税优惠范围和加大优惠力度。二是调整加工环节资源综合利用增值税优惠政策条件，适度提高增值税即征即退比例，适当降低享受优惠政策的门槛，促进再生资源行业发展。三是及时更新和调整增值税资源综合利用目录，简化优惠政策执行程序，提高增值税即征即退效率，从而实现增值税优惠政策的切实落地，使增值税优惠政策在促进资源综合利用中发挥更持久、更有效的作用。

完善企业所得税优惠政策。一是缩短企业所得税优惠目录更新周期。建议每年根据节能减排行业发展状况，及时更新企业所得税优惠目录清单，扩大优惠目录范围，鼓励企业积极应用新技术新装备，促进资源综合利用新产业的发展。二是增强税收优惠政策的协同性。一方面，调整增值税和企业所得税资源综合利用政策的优惠条件和优惠力度，统一优惠范围，从而提高税收优惠政策的适用性，方便企业享受税收优惠政策。另一方面，完善第三方环境治理的配套政策，健全第三方治理项目质量和服务机构监督监管评价机制，完善环境信息公开平台建设、信息公开机制，加强第三方治理企业的规范性和专业性。同时考虑继续延长对第三方治理企业减按 15%的企业所得税优惠政策时限，持续推进环境污染第三方治理，提高我国污染治理的水平和效能。

扩大危险废物回收利用的消费税免税范围并提高政策连续性。一是将废铅蓄电池等产品类危险废物再生品逐步纳入消费税优惠政策的覆盖范围。可以采用直接免税的方法，或是针对“销一收一”的生产企业，依据其回收量或回收率，对部分消费税实行先征后返的消费税优惠政策，降低企业税负，助力危险废物生产者责任延伸制度的推行。二是根据危险废物回收利用产业资金需求大和投资回报周期长等特点，提高税收优惠政策的连续性和长期性。目前，废矿物油再生油品免征消费税的实施期限仅到 2023 年 10 月 31 日，建议继续延长废矿物油再生油品免征消费税的政策期限。

提高关税“绿色化”程度。一是积极探索提高关税“绿色化”的可行性和制度构建。一方面，借鉴发达国家将环境保护理念运用到关税中的思路和经验，制定和实施环境关税政策。另一方面，充分考虑我国实现碳达峰、碳中和目标所面临的压力，充分考察我国的污染类型和资源损耗分布，制定对应的税收体系。最初实行低税率，再逐步提高，以达到最优税率。此外，应当依据排放标准、对环境的污染程度以及征收原则，采用不同的税率，同时注意优惠和减免措施的合理利用，减缓征收环境关税带来的通关率下降等负面问题[79]。二是增强关税同其他税种的协同配合，比如，调高进口关税同取消或调低出口高耗能资源型产品增值税退税率政策相结合等。我国应将绿色发展理念逐步引入关税制度，提高关税的绿色性，充分发挥关税的生态环境保护职能。

附 录

附录一 2020 年出台环境税相关政策法规文件清单（部分）

序号	政策名称	发布部门	发布时间	文号
环境保护税				
1	关于深化环境保护税征管协作的通知	国家税务总局、生态环境部	2020 年	税总办发〔2020〕30 号
2	《关于推进纳税缴费便利化改革优化税收营商环境若干措施的通知》	国家税务总局等十三部门	2020 年 9 月	税总发〔2020〕48 号
3	关于发布四川省环境保护税应税污染物排放量抽样测算方法的公告	四川省生态环境厅	2020 年 3 月	四川省生态环境厅公告 2020 年第 1 号
4	辽宁省应税大气污染物和水污染物环境保护税适用税额调整方案	辽宁省人大常委会	2020 年 5 月	辽人大公告 2020 年第 52 号

序号	政策名称	发布部门	发布时间	文号
资源税				
1	关于继续执行的资源税优惠政策的公告	财政部、国家税务总局	2020 年 6 月	财政部、国家税务总局公告 2020 年第 32 号
2	关于资源税有关问题执行口径的公告	财政部、国家税务总局	2020 年 6 月	财政部、国家税务总局公告 2020 年第 34 号
3	国家税务总局关于资源税征收管理若干问题的公告	国家税务总局	2020 年 8 月	国家税务总局公告 2020 年第 14 号
交通类税收				
1	关于发布《免征车辆购置税的新能源汽车车型目录》（第三十批）的公告	工业和信息化部、国家税务总局	2020 年 3 月	工业和信息化部、国家税务总局公告 2020 年第 11 号
2	关于新能源汽车免征车辆购置税有关政策的公告	财政部	2020 年 4 月	财政部公告 2020 年第 21 号
3	关于发布《免征车辆购置税的新能源汽车车型目录》（第三十一批）的公告	工业和信息化部、国家税务总局	2020 年 4 月	工业和信息化部、国家税务总局公告 2020 年第 16 号
4	关于稳定和扩大汽车消费若干措施的通知	国家发展改革委等部门	2020 年 4 月	发改产业〔2020〕684 号
5	关于二手车经销有关增值税政策的公告	财政部、国家税务总局	2020 年 4 月	财政部、国家税务总局公告 2020 年第 17 号

序号	政策名称	发布部门	发布时间	文号
6	关于发布《享受车船税减免优惠的节约能源 使用新能源汽车车型目录》（第十四批）的公告	工业和信息化部、国家税务总局	2020 年 3 月	工业和信息化部、国家税务总局公告 2020 年第 10 号
7	关于发布《享受车船税减免优惠的节约能源 使用新能源汽车车型目录》（第十五批）的公告	工业和信息化部、国家税务总局	2020 年 4 月	工业和信息化部、国家税务总局公告 2020 年第 18 号
8	关于发布《享受车船税减免优惠的节约能源 使用新能源汽车车型目录》（第十六批）的公告	工业和信息化部、国家税务总局	2020 年 6 月	工业和信息化部、国家税务总局公告 2020 年第 24 号
9	关于印发新能源汽车产业发展规划（2021—2035 年）的通知	国务院办公厅	2020年10月	国办发〔2020〕39 号
其他税收				
1	关于延续西部大开发企业所得税政策的公告	财政部、国家税务总局、国家发展改革委	2020 年 4 月	财政部、国家税务总局、国家发展改革委公告 2020 年第 23 号
2	2020 年进口暂定税率等调整方案	国务院关税税则委员会	2019年12月	税委会〔2019〕50 号
3	关于 2021 年关税调整方案的通知	国务院关税税则委员会	2020年12月21日	税委会〔2020〕33 号

附录二　环境保护税

1.《国家税务总局等十三部门关于推进纳税缴费便利化改革优化税收营商环境若干措施的通知》

税总发〔2020〕48号

各省、自治区、直辖市人民政府，国务院有关部门：

为贯彻党中央、国务院决策部署，深化“放管服”改革、优化营商环境，认真落实《优化营商环境条例》《国务院办公厅关于进一步优化营商环境更好服务市场主体的实施意见》要求，经国务院同意，现就进一步推进纳税缴费便利化改革、持续提升为市场主体服务水平、加快打造市场化法治化国际化税收营商环境有关事项，通知如下：

一、持续推进减税降费政策直达快享

（一）优化政策落实工作机制。融合运用网络、热线、政务服务场所等线上线下渠道，综合采取“云讲堂”、在线答疑、现场培训、编发指引、定点推送等方式，及时发布税费优惠政策，不断加大辅导解读力度，确保政策广为周知、易懂能会。着力打造“网上有专栏、线上有专席、场点有专窗、事项有专办、全程有专督”的政策落实保障体系，确保各项减税降费政策不折不扣落实到位。（人力资源社会保障部、税务总局、医保局按职责分工负责）

（二）充分发挥大数据作用，确保政策应享尽享。深化大数据分析

和应用，主动甄别符合享受优惠政策条件的纳税人缴费人，精准推送税费政策信息，帮助纳税人缴费人充分适用优惠政策。运用税费大数据监测减税降费政策落实情况，及时扫描分析应享未享和违规享受的疑点信息，让符合条件的纳税人缴费人应享尽享，对违规享受的及时提示纠正和处理。（人力资源社会保障部、税务总局、医保局按职责分工负责）

（三）压缩优惠办理手续，确保流程简明易行好操作。优化纳税人缴费人享受税费优惠方式，加大部门协同和信息共享，除依法需要核准或办理备案的事项外，推行“自行判别、申报享受、资料留存备查”的办理方式，进一步提升纳税人缴费人享受政策红利和服务便利的获得感。（人力资源社会保障部、税务总局、医保局按职责分工负责）

（四）提高增值税留抵退税政策落实效率。依托电子税务局，拓展纳税人网上申请和办理增值税留抵退税业务渠道，提高退税效率。财政部门加强统筹，及时保障退库资金到位。财政、税务和国库部门密切合作，畅通电子退税渠道，确保符合条件的纳税人及时获得退税款。（财政部、人民银行、税务总局按职责分工负责）

（五）加快出口业务各环节事项办理速度。优化“单一窗口”出口退税申报功能。推行无纸化单证备案。进一步简化结关、收汇手续。商务、人民银行、海关、税务等部门强化协作配合，扩大数据共享范围，加大宣传辅导力度，帮助出口企业加快全环节各事项办理速度、压缩单证收集整理时间，提升出口退税整体效率。税务部门办理正常出口退税业务的平均时间确保不超过8个工作日，并进一步压缩A级纳税人办理时限。（商务部、人民银行、海关总署、税务总局按职责分工负责）

二、不断提升纳税缴费事项办理便利度

（六）拓展税费综合申报范围。在进一步落实城镇土地使用税、房

产税合并申报的基础上，加快推进增值税、消费税同城市维护建设税等附加税费合并申报及财产行为税一体化纳税申报，进一步简并申报次数，减轻纳税缴费负担。（税务总局负责）

（七）压减纳税缴费时间和纳税次数。对标国际先进水平，进一步优化纳税缴费流程、精简申报资料，试行税务证明事项告知承诺制，进一步减少证明材料。2020 年年底前，纳税缴费时间压减至 120 小时以内；2022 年年底前，纳税缴费时间压减至 100 小时以内，纳税次数进一步压减，促进营商环境持续改善。（税务总局牵头，人力资源社会保障部、住房和城乡建设部按职责分工负责）

（八）大力推进税费事项网上办、掌上办。进一步巩固拓展“非接触式”办税缴费服务。2020 年年底前，实现主要涉税服务事项网上办理；2021 年年底前，除个别特殊、复杂事项外，基本实现企业办税缴费事项网上办理、个人办税缴费事项可掌上办理。（人力资源社会保障部、住房和城乡建设部、税务总局、医保局按职责分工负责）

（九）推进纳税缴费便利化创新试点。充分发挥税收服务作用，在支持京津冀协同发展、长江经济带发展、长三角一体化发展、粤港澳大湾区建设、黄河流域生态保护和高质量发展以及海南自由贸易港、成渝地区双城经济圈建设等国家发展重大战略中，积极推进纳税缴费便利化改革创新试点，探索可复制、可推广经验，完善税费服务体系。（税务总局牵头，人力资源社会保障部、医保局按职责分工负责）

三、稳步推进发票电子化改革，促进办税提速增效降负

（十）分步实施发票电子化改革。在实现增值税普通发票电子化的基础上，2020 年，选择部分地区新办纳税人开展增值税专用发票电子化改革试点，年底前基本实现新办纳税人增值税专用发票电子化。2021

年年底前，力争建成全国统一的电子发票服务平台和税务网络可信身份系统，建立与发票电子化相匹配的管理服务模式，增进市场主体发票使用便利，进一步降低制度性交易成本，推进智慧税务建设。（税务总局牵头，国家发展改革委、公安部、财政部、密码局按职责分工负责）

（十一）推进电子发票应用的社会化协同。税务部门公开电子发票数据规范和技术标准，加快推动国家标准制定。财政、档案等部门积极推进会计凭证电子化入账、报销、归档工作，推动电子发票与财政支付、单位财务核算等系统衔接，引导市场主体和社会中介服务机构提升财务管理和会计档案管理电子化水平。加快修订《中华人民共和国发票管理办法》等法规制度，加强电子发票推行应用的法律支撑。（税务总局、财政部、档案局、密码局、司法部按职责分工负责）

四、优化税务执法方式，维护市场主体合法权益

（十二）严格规范公正文明执法。坚持依法依规征税收费，坚决防止和制止收过头税费。全面深入推行行政执法公示、执法全过程记录、重大执法决定法制审核制度，坚决防止粗放式、选择性、一刀切的随意执法。健全完善税务机关权责清单，实施税务行政执法案例指导制度，持续规范行政处罚裁量基准，加快推进简易处罚事项网上办理，进一步推行重大税务案件审理说明理由制度试点。强化税务执法内部控制和监督，全面推进内控机制信息化建设，规范执法行为，减少执法风险。加强税费政策法规库建设，通过税务网站集中统一对外公布并动态更新，增强税务执法依据的确定性、稳定性和透明度，持续打造公正公平的法治化税收营商环境。（税务总局负责）

（十三）强化分类，精准管理。不断完善税收大数据和风险管理机制，健全税务管理体系。积极构建动态“信用+风险”新型管理方式，

实时分析识别纳税人行为和特征，实现“无风险不打扰、低风险预提醒、中高风险严监控”。对逃避税问题多发的重点行业、重点领域，加强税收风险防控。加强税务、公安、人民银行、海关等部门的密切协作，严格依法查处利用“假企业”“假出口”“假申报”等手段虚开骗税行为，规范税收秩序，促进公平竞争，努力做到对市场主体干扰最小化、监管效能最大化。（税务总局牵头，公安部、人民银行、海关总署按职责分工负责）

（十四）健全完善纳税信用管理制度。依法依规深化守信激励和失信惩戒，促进社会信用体系建设。坚持依法依规和包容审慎监管原则，进一步落实好纳税信用评价级别修复相关规定，引导纳税人及时、主动纠正失信行为，提高诚信纳税意识。加强重大税收违法失信案件信息和当事人名单动态管理，为当事人提供提前撤出名单的信用修复途径，引导市场主体规范健康发展。（税务总局负责）

五、强化跟踪问效，确保各项措施落实落细

（十五）加强评价考核。坚持以纳税人缴费人感受为导向，评价和改进纳税缴费便利化各项工作。认真开展政务服务“好差评”，实现政务服务事项、评价对象、服务渠道全覆盖，确保每项差评反映的问题能够及时整改，全面提升政务服务能力和水平，不断增强市场主体的获得感、满意度。（国家发展改革委、人力资源社会保障部、住房和城乡建设部、税务总局、医保局按职责分工负责）

（十六）加大监督力度。统筹运用多种监督方式和资源，加强对税费优惠政策以及纳税缴费便利化措施落实情况的监督检查，对落实不力的严肃追责问责。充分发挥明察暗访、“四不两直”督查的作用，促进问题早发现早整改。加强政策措施运行情况的评估，健全政策出台、落

实、评估、改进的闭环机制，完善全链条管理，为政策措施直达基层、直接惠及市场主体疏堵消障、加力提效。（人力资源社会保障部、税务总局、医保局按职责分工负责）

各地区各有关部门要加强统筹协调、凝聚工作合力，抓紧研究落实本通知各项任务的具体方案，结合实际细化责任分工和步骤安排，确保各项措施及时落地见效。各级税务机关要积极会同相关部门，围绕纳税人缴费人需求，研究推出更多务实管用的创新举措，不断优化税收营商环境，持续提升服务市场主体水平，持续提高服务“六稳”“六保”工作质效。

税务总局
国家发展改革委
公安部
司法部
财政部
人力资源社会保障部
住房和城乡建设部
商务部
人民银行
海关总署
医保局
档案局
密码局
2020 年 9 月 28 日

2.《四川省生态环境厅关于发布〈四川省环境保护税应税污染物排放量抽样测算方法〉的公告》

2020 年　第 1 号

为贯彻落实《中华人民共和国环境保护税法》，进一步鼓励节能减排，引导绿色生产，促进高质量发展，我厅现对《四川省环境保护税应税污染物排放量抽样测算方法》予以发布。

该公告自发布之日起施行，自施行之日起，《四川省环境保护税应税污染物排放量抽样测算方法（试行）》同时废止。

特此公告。

附件：四川省环境保护税应税污染物排放量抽样测算方法

四川省生态环境厅

2020 年 3 月 11 日

附件

四川省环境保护税应税污染物排放量抽样测算方法

根据《中华人民共和国环境保护税法》及《关于全面做好环境保护税法实施准备工作的通知》（财税〔2017〕62 号）有关规定，结合我省实际，特制定本方法。

一、适用范围

本方法适用于无法进行实际监测或者物料衡算的第三产业的小型排污者和施工扬尘 2 个行业相关污染物排放量的核算。

二、污染物排放量的计算公式

（一）第三产业排污者污水排放量计算公式

污水排放量（吨/月）=用水量（吨/月）×行业污水排放系数

污水排放量：排污者在生产经营活动中污水排放量；

用水量：排污者在正常经营活动中的用水量；

行业污水排放系数：通过对小型排污者的用水量和污水排放量进行测算及行业分类统计，结合《第一次全国污染源普查产排污系数手册》中的相关技术规范，具体行业类型及对应的产污系数，见表 1。

表 1　第一次全国污染源普查产排污系数手册中的小型三产污水排放系数

行业	污水排放系数	备注
住宿业	用水量的 92%	住宿业指“纯住宿业”，不包括住宿业中的餐饮、美容美发、洗浴等附属经营活动。附属经营活动另算
餐饮业	用水量的 88%	
洗染服务业	用水量的 95%	专营的洗染店以及在宾馆、饭店内常设的独立（或相对独立）洗染服务
理发及美容保健服务	用水量的 95%	专业理发、美容保健服务，以及在宾馆、饭店或娱乐场所常设的独立（或相对独立）理发、美容保健服务
洗浴服务业	用水量的 95%	专业洗浴室以及在宾馆、饭店或娱乐场所常设的独立（或相对独立）洗浴服务
摄影扩印服务	用水量的 95%	
汽车、摩托车维修与保养	用水量的 95%	
医院和其他医疗机构	用水量的 86%	

（二）施工扬尘排放量计算公式

扬尘排放量=（扬尘产生量系数–扬尘排放量削减系数）［千克/（平方米·月）］×月建筑面积或施工面积（平方米）

扬尘产生量系数和扬尘排放量削减系数是参照原环境保护部办公厅《关于排污申报与排污费征收有关问题的通知》（环办〔2014〕80号）中相关系数执行，见表2。

表2　施工扬尘产生、削减系数表

工地类型	扬尘产生量系数/［千克/（平方米·月）］
建筑施工	1.01
市政（拆迁）施工	1.64

<table>
<tr><th rowspan="3">工地类型</th><th rowspan="3">扬尘类型</th><th rowspan="3">扬尘污染控制措施</th><th colspan="2">扬尘排放量削减系数/［千克/（平方米·月）］
措施达标</th></tr>
<tr><th>是</th><th>否</th></tr>
<tr></tr>
<tr><td rowspan="7">建筑工地</td><td rowspan="5">一次扬尘</td><td>道路硬化措施</td><td>0.071</td><td>0</td></tr>
<tr><td>边界围挡</td><td>0.047</td><td>0</td></tr>
<tr><td>裸露地面覆盖</td><td>0.047</td><td>0</td></tr>
<tr><td>易扬尘物料覆盖</td><td>0.025</td><td>0</td></tr>
<tr><td>定期喷洒抑制剂</td><td>0.03</td><td>0</td></tr>
<tr><td rowspan="2">二次扬尘</td><td>运输车辆机械冲洗装置</td><td>0.31</td><td>0</td></tr>
<tr><td>运输车辆简易冲洗装置</td><td>0.155</td><td>0</td></tr>
</table>

工地类型	扬尘类型	扬尘污染控制措施	扬尘排放量削减系数/［千克/（平方米·月）］	
			措施达标	
			是	否
市政（拆迁）工地	一次扬尘	道路硬化措施	0.102	0
		边界围挡	0.102	0
		易扬尘物料覆盖	0.066	0
		定期喷洒抑制剂	0.03	0
	二次扬尘	运输车辆机械冲洗装置	0.68	0
		运输车辆简易冲洗装置	0.034	0

注：

1. 施工扬尘定义

施工扬尘是指本地区所有进行建筑工程、市政工程、拆迁工程和道桥施工工程等施工活动过程中产生的对大气造成污染的总悬浮颗粒物、可吸入颗粒物和细颗粒物等粉尘的总称。

2. 制定依据

施工扬尘产生量是按照物料衡算方法，根据建筑（或施工、拆迁）面积、施工期，综合分析全国各地已出台的扬尘排放系数而制定的平均产生量。

3. 对于建筑工地按建筑面积计算

市政工地按施工面积计算，施工面积为建设道路红线宽度乘以施工长度，其他为三倍开挖宽度乘以施工长度，市政工地分段施工时按实际施工面积计算。

4. 施工扬尘控制措施及达标要求

建筑工程和市政工程扬尘控制措施达标标准如下，每项控制措施的任意一项基本要求不达标，则该项控制措施视为不达标。

4.1　道路硬化措施

4.1.1 施工现场主要道路、加工区、生活办公区应做硬化处理，用作车辆通行的道路应铺设混凝土，满足车辆安全行驶要求，且无破损现象；

4.1.2　任何时候车行道路上都不能有明显的尘土；

4.1.3　道路清扫时都必须采取洒水措施。

4.2　边界围挡

4.2.1　围挡高度不低于 1.8 米，围挡下方设置不低于 20 厘米高的防溢座以防止粉尘流失（市政工程除外）；

4.2.2　围挡必须是由金属、混凝土、塑料等硬质材料制作，拆迁工程在建筑拆除期间，应在建筑结构外侧设置防尘布；

4.2.3　任意两块围挡以及围挡与防溢座的拼接处都不能有大于 0.5 厘米的缝隙，围挡不得有明显破损的漏洞。

4.3　裸露地（含土方）覆盖

4.3.1　每一块独立裸露地面 80%以上的面积都应采取覆盖措施；

4.3.2　覆盖措施的完好率必须在 90%以上；

4.3.3　覆盖措施包括：钢板、防尘网（布）、绿化、化学抑尘剂，或达到同等效率的覆盖措施。

4.4　易扬尘物料覆盖

4.4.1　所有砂石、灰土、灰浆等易扬尘物料都必须以不透水的隔尘布完全覆盖或放置在顶部和四周均有遮蔽的场所内；

4.4.2　防尘布或遮蔽装置的完好率必须大于 95%；

4.4.3　小批量且在 8 小时之内投入使用的物料除外。

4.5　定期喷洒抑制剂

施工现场应当有专人负责保洁工作,配备洒水设备,定期洒水清扫。

4.6　运输车辆冲洗装置

4.6.1　明确专人负责冲洗保洁，确保车辆不带泥出场，运输车辆驶出工地前，应对车轮、车身、车槽等部位进行清理或清洗以保证车辆清洁上路;

4.6.2　每个大门内侧均应设置车辆冲洗台，四周应设置防溢座、排水沟，上盖钢篦，设置两级沉淀池，排水沟与沉淀池相连，沉淀池大小应满足冲洗要求;

4.6.3　废水经二次沉淀后循环使用或用于洒水降尘，对沉淀池应定期清理污泥并规范处置;

4.6.4　污水处理产生的污泥，应设有专门的处置系统;

4.6.5　经过处理无法达到相关排放标准的洗车污水不得直接排入环境或市政下水系统。

三、本方法自发布之日起施行，由四川省生态环境厅负责解释。

附录三　资源税

1.《财政部　税务总局关于继续执行的资源税优惠政策的公告》

（财政部　税务总局公告　2020 年第 32 号）

《中华人民共和国资源税法》已由第十三届全国人民代表大会常务委员会第十二次会议于 2019 年 8 月 26 日通过，自 2020 年 9 月 1 日起施行。为贯彻落实资源税法，现将税法施行后继续执行的资源税优惠政策公告如下：

1. 对青藏铁路公司及其所属单位运营期间自采自用的砂、石等材料免征资源税。具体操作按《财政部　国家税务总局关于青藏铁路公司运营期间有关税收等政策问题的通知》（财税〔2007〕11 号）第三条规定执行。

2. 自 2018 年 4 月 1 日至 2021 年 3 月 31 日，对页岩气资源税减征 30%。具体操作按《财政部　国家税务总局关于对页岩气减征资源税的通知》（财税〔2018〕26 号）规定执行。

3. 自 2019 年 1 月 1 日至 2021 年 12 月 31 日，对增值税小规模纳税人可以在 50%的税额幅度内减征资源税。具体操作按《财政部　税务总局关于实施小微企业普惠性税收减免政策的通知》（财税〔2019〕13 号）有关规定执行。

4. 自 2014 年 12 月 1 日至 2023 年 8 月 31 日，对充填开采置换出来的煤炭，资源税减征 50%。

特此公告。

财政部　税务总局

2020 年 6 月 24 日

2.《财政部　税务总局关于资源税有关问题执行口径的公告》

（财政部　税务总局公告　2020年第34号）

为贯彻落实《中华人民共和国资源税法》，现将资源税有关问题执行口径公告如下：

一、资源税应税产品（以下简称“应税产品”）的销售额，按照纳税人销售应税产品向购买方收取的全部价款确定，不包括增值税税款。

计入销售额中的相关运杂费用，凡取得增值税发票或者其他合法有效凭据的，准予从销售额中扣除。相关运杂费用是指应税产品从坑口或者洗选（加工）地到车站、码头或者购买方指定地点的运输费用、建设基金以及随运销产生的装卸、仓储、港杂费用。

二、纳税人自用应税产品应当缴纳资源税的情形，包括纳税人以应税产品用于非货币性资产交换、捐赠、偿债、赞助、集资、投资、广告、样品、职工福利、利润分配或者连续生产非应税产品等。

三、纳税人申报的应税产品销售额明显偏低且无正当理由的，或者有自用应税产品行为而无销售额的，主管税务机关可以按下列方法和顺序确定其应税产品销售额：

（一）按纳税人最近时期同类产品的平均销售价格确定。

（二）按其他纳税人最近时期同类产品的平均销售价格确定。

（三）按后续加工非应税产品销售价格，减去后续加工环节的成本利润后确定。

（四）按应税产品组成计税价格确定。

组成计税价格＝成本×（1+成本利润率）÷（1−资源税税率）

上述公式中的成本利润率由省、自治区、直辖市税务机关确定。

（五）按其他合理方法确定。

四、应税产品的销售数量，包括纳税人开采或者生产应税产品的实际销售数量和自用于应当缴纳资源税情形的应税产品数量。

五、纳税人外购应税产品与自采应税产品混合销售或者混合加工为应税产品销售的，在计算应税产品销售额或者销售数量时，准予扣减外购应税产品的购进金额或者购进数量；当期不足扣减的，可结转下期扣减。纳税人应当准确核算外购应税产品的购进金额或者购进数量，未准确核算的，一并计算缴纳资源税。

纳税人核算并扣减当期外购应税产品购进金额、购进数量，应当依据外购应税产品的增值税发票、海关进口增值税专用缴款书或者其他合法有效凭据。

六、纳税人开采或者生产同一税目下适用不同税率应税产品的，应当分别核算不同税率应税产品的销售额或者销售数量；未分别核算或者不能准确提供不同税率应税产品的销售额或者销售数量的，从高适用税率。

七、纳税人以自采原矿（经过采矿过程采出后未进行选矿或者加工的矿石）直接销售，或者自用于应当缴纳资源税情形的，按照原矿计征资源税。

纳税人以自采原矿洗选加工为选矿产品（通过破碎、切割、洗选、筛分、磨矿、分级、提纯、脱水、干燥等过程形成的产品，包括富集的精矿和研磨成粉、粒级成型、切割成型的原矿加工品）销售，或者将选矿产品自用于应当缴纳资源税情形的，按照选矿产品计征资源税，在原矿移送环节不缴纳资源税。对于无法区分原生岩石矿种的粒级成型砂石颗粒，按照砂石税目征收资源税。

八、纳税人开采或者生产同一应税产品，其中既有享受减免税政策的，又有不享受减免税政策的，按照免税、减税项目的产量占比等方法分别核算确定免税、减税项目的销售额或者销售数量。

九、纳税人开采或者生产同一应税产品同时符合两项或者两项以上减征资源税优惠政策的，除另有规定外，只能选择其中一项执行。

十、纳税人应当在矿产品的开采地或者海盐的生产地缴纳资源税。

十一、海上开采的原油和天然气资源税由海洋石油税务管理机构征收管理。

十二、本公告自2020年9月1日起施行。《财政部　国家税务总局关于实施煤炭资源税改革的通知》（财税〔2014〕72号）、《财政部　国家税务总局关于调整原油天然气资源税有关政策的通知》（财税〔2014〕73号）、《财政部　国家税务总局关于实施稀土钨钼资源税从价计征改革的通知》（财税〔2015〕52号）、《财政部　国家税务总局关于全面推进资源税改革的通知》（财税〔2016〕53号）、《财政部　国家税务总局关于资源税改革具体政策问题的通知》（财税〔2016〕54号）同时废止。

财政部　税务总局

2020年6月28日

3. 《国家税务总局关于资源税征收管理若干问题的公告》

（国家税务总局公告　2020年第14号）

为规范资源税征收管理，根据《中华人民共和国资源税法》《中华人民共和国税收征收管理法》及其实施细则、《财政部　税务总局关于资源税有关问题执行口径的公告》（2020年第34号）等相关规定，现就有关事项公告如下：

一、纳税人以外购原矿与自采原矿混合为原矿销售，或者以外购选矿产品与自产选矿产品混合为选矿产品销售的，在计算应税产品销售额或者销售数量时，直接扣减外购原矿或者外购选矿产品的购进金额或者购进数量。

纳税人以外购原矿与自采原矿混合洗选加工为选矿产品销售的，在计算应税产品销售额或者销售数量时，按照下列方法进行扣减：

准予扣减的外购应税产品购进金额（数量）=外购原矿购进金额（数量）×（本地区原矿适用税率÷本地区选矿产品适用税率）

不能按照上述方法计算扣减的，按照主管税务机关确定的其他合理方法进行扣减。

二、纳税人申报资源税时，应当填报《资源税纳税申报表》（见附件）。

三、纳税人享受资源税优惠政策，实行“自行判别、申报享受、有关资料留存备查”的办理方式，另有规定的除外。纳税人对资源税优惠事项留存材料的真实性和合法性承担法律责任。

四、本公告自2020年9月1日起施行。《国家税务总局关于发布修订后的〈资源税若干问题的规定〉的公告》（2011年第63号），《国家税务总局关于发布〈中外合作及海上自营油气田资源税纳税申报表〉的公告》（2012年第3号），《国家税务总局　国家能源局关于落实煤炭资源税优惠政策若干事项的公告》（2015年第21号，国家税务总局公告2018年第31号修改），《国家税务总局关于发布修订后的〈资源税纳税申报表〉的公告》（2016年第38号）附件2、附件3、附件4，《国家税务总局　自然资源部关于落实资源税改革优惠政策若干事项的公告》（2017年第2号，国家税务总局公告2018年第31号修改），《国家税务总局关于发布〈资源税征收管理规程〉的公告》（2018年第13号），《国家税务总局关于增值税小规模纳税人地方税种和相关附加减征政策有关征管问题的公告》（2019年第5号）发布的资源税纳税申报表同时废止。

特此公告。

附件：资源税纳税申报表

国家税务总局

2020年8月28日

附录四　交通类税收

1.《工业和信息化部　国家税务总局关于发布〈免征车辆购置税的新能源汽车车型目录〉（第三十批）的公告》

（工业和信息化部　国家税务总局公告　2020 年第 11 号）

根据《财政部　国家税务总局　工业和信息化部　科技部关于免征新能源汽车车辆购置税的公告》（2017 年第 172 号）、《中华人民共和国工业和信息化部　财政部　国家税务总局公告》（2018 年第 17 号）的要求，工业和信息化部会同国家税务总局等部门对企业提交的申请进入《免征车辆购置税的新能源汽车车型目录》的材料进行了审查。现将《免征车辆购置税的新能源汽车车型目录》（第三十批）、汽车生产企业名称变更名单予以公告。

附件：1. 免征车辆购置税的新能源汽车车型目录（第三十批）

2. 汽车生产企业名称变更名单

工业和信息化部

国家税务总局

2020 年 3 月 12 日

2.《财政部　税务总局　工业和信息化部关于新能源汽车免征车辆购置税有关政策的公告》

（财政部公告　2020年第21号）

为支持新能源汽车产业发展，促进汽车消费，现就新能源汽车免征车辆购置税有关政策公告如下：

一、自2021年1月1日至2022年12月31日，对购置的新能源汽车免征车辆购置税。免征车辆购置税的新能源汽车是指纯电动汽车、插电式混合动力（含增程式）汽车、燃料电池汽车。

二、免征车辆购置税的新能源汽车，通过工业和信息化部、税务总局发布《免征车辆购置税的新能源汽车车型目录》（以下简称《目录》）实施管理。自《目录》发布之日起，购置列入《目录》的新能源汽车免征车辆购置税；购置时间为机动车销售统一发票（或有效凭证）上注明的日期。

三、对已列入《目录》的新能源汽车，新能源汽车生产企业或进口新能源汽车经销商（以下简称汽车企业）在上传《机动车整车出厂合格证》或进口机动车《车辆电子信息单》（以下简称车辆电子信息）时，在“是否符合免征车辆购置税条件”字段标注“是”（即免税标识）。工业和信息化部对汽车企业上传的车辆电子信息中的免税标识进行审核，并将通过审核的信息传送至税务总局。税务机关依据工业和信息化部审核后的免税标识和机动车统一销售发票（或有效凭证），办理车辆购置税免税手续。

四、汽车企业应当保证车辆电子信息与车辆产品相一致，对因提供虚假信息或资料造成车辆购置税税款流失的，依照《中华人民共和国税收征收管理法》及其实施细则予以处理。

五、从事《目录》管理、免税标识审核和办理免税手续的工作人员履行职责时，存在滥用职权、玩忽职守、徇私舞弊等违法违纪行为的，按照《中华人民共和国公务员法》《中华人民共和国监察法》等国家有关规定追究相应责任；涉嫌犯罪的，移送司法机关处理。

六、本公告自2021年1月1日起施行。2020年12月31日前已列入《目录》的新能源汽车免征车辆购置税政策继续有效。

财政部
税务总局
工业和信息化部
2020年4月16日

3.《工业和信息化部　国家税务总局关于发布〈免征车辆购置税的新能源汽车车型目录〉（第三十一批）的公告》

（工业和信息化部　国家税务总局公告　2020 年第 16 号）

根据《财政部　国家税务总局　工业和信息化部　科技部关于免征新能源汽车车辆购置税的公告》（2017 年第 172 号）、《中华人民共和国工业和信息化部　财政部　国家税务总局公告》（2018 年第 17 号）的要求，工业和信息化部会同国家税务总局等部门对企业提交的申请进入《免征车辆购置税的新能源汽车车型目录》的材料进行了审查。现将《免征车辆购置税的新能源汽车车型目录》（第三十一批）、《汽车生产企业名称变更名单》予以公告。

附件：

1.《免征车辆购置税的新能源汽车车型目录》（第三十一批）

2. 汽车生产企业名称变更名单

工业和信息化部

国家税务总局

2020 年 4 月 20 日

4. 《国家发展改革委等部门关于稳定和扩大汽车消费若干措施的通知》

（发改产业〔2020〕684 号）

各省、自治区、直辖市人民政府，新疆生产建设兵团，国务院有关部门：

为稳定和扩大汽车消费，促进经济社会平稳运行，经国务院同意，现就有关事项通知如下：

一、调整国六排放标准实施有关要求。轻型汽车（总质量不超过 3.5 吨）国六排放标准颗粒物数量限值生产过渡期截止时间，由 2020 年 7 月 1 日前调整为 2021 年 1 月 1 日前；2020 年 7 月 1 日前生产、进口的国五排放标准轻型汽车，2021 年 1 月 1 日前允许在目前尚未实施国六排放标准的地区销售和注册登记。未经批准，各地不得提前实施国家确定的汽车排放标准。（生态环境部、工业和信息化部、公安部、地方各级人民政府负责）

二、完善新能源汽车购置相关财税支持政策。将新能源汽车购置补贴政策延续至 2022 年年底，并平缓 2020—2022 年补贴退坡力度和节奏，加快补贴资金清算速度。加快推动新能源汽车在城市公共交通等领域推广应用。将新能源汽车免征车辆购置税的优惠政策延续至 2022 年年底。（财政部牵头，工业和信息化部、科技部、发展改革委、税务总局等参与）

三、加快淘汰报废老旧柴油货车。支持京津冀及周边地区、汾渭平原等重点地区提前淘汰国三及以下排放标准的营运柴油货车，中央财政统筹车辆购置税等现有资金渠道，通过“以奖代补”方式，支持引导重点地区完成淘汰100万辆的目标任务。有关重点地区要认真落实《打赢蓝天保卫战三年行动计划》，尽快研究出台淘汰报废老旧柴油货车经济补偿措施。（交通运输部、生态环境部、财政部、商务部、公安部、有关省市人民政府负责）

四、畅通二手车流通交易。优化车辆交易登记等制度，落实全面取消二手车限迁政策，扩大二手车出口业务，修订出台《二手车流通管理办法》，发挥汽车维修电子档案系统作用，支撑二手车交易，加快二手车流通，带动新车消费。加强二手车行业管理，规范二手车经销企业行为，自2020年5月1日至2023年年底，对二手车经销企业销售旧车，减按销售额的0.5%征收增值税。（商务部、公安部、生态环境部、财政部、交通运输部、税务总局、地方各级人民政府负责）

五、用好汽车消费金融。鼓励金融机构积极开展汽车消费信贷等金融业务，通过适当下调首付比例和贷款利率、延长还款期限等方式，加大对汽车个人消费信贷支持力度，持续释放汽车消费潜力。（人民银行、银保监会、地方各级人民政府负责）

各地区、各有关部门要切实加强组织领导，明确责任分工，积极主动履职，按照本通知要求扎实做好各项工作，积极营造有利于汽车消费的市场环境。

国家发展改革委
科技部
工业和信息化部
公安部
财政部

生态环境部

交通运输部

商务部

人民银行

税务总局

银保监会

2020 年 4 月 28 日

5.《财政部　税务总局关于二手车经销有关增值税政策的公告》

（财政部　税务总局公告　2020 年第 17 号）

为促进汽车消费，现就二手车经销有关增值税政策公告如下：

自 2020 年 5 月 1 日至 2023 年 12 月 31 日，从事二手车经销的纳税人销售其收购的二手车，由原按照简易办法依 3%征收率减按 2%征收增值税，改为减按 0.5%征收增值税。

本公告所称二手车，是指从办理完注册登记手续至达到国家强制报废标准之前进行交易并转移所有权的车辆，具体范围按照国务院商务主管部门出台的二手车流通管理办法执行。

特此公告。

财政部

税务总局

2020 年 4 月 8 日

6. 《工业和信息化部　国家税务总局关于发布〈享受车船税减免优惠的节约能源　使用新能源汽车车型目录〉（第十四批）的公告》

（工业和信息化部　国家税务总局公告　2020 年第 10 号）

根据《财政部　税务总局　工业和信息化部　交通运输部关于节能新能源车船享受车船税优惠政策的通知》（财税〔2018〕74 号）要求，工业和信息化部会同国家税务总局对企业提交的申请材料进行了审查，确定了《享受车船税减免优惠的节约能源使用新能源汽车车型目录》（第十四批）》，现予以公告。

附件：1. 享受车船税减免优惠的节约能源 使用新能源汽车车型目录（第十四批）

2. 汽车生产企业名称变更名单

工业和信息化部

国家税务总局

2020 年 3 月 11 日

7. 《工业和信息化部　国家税务总局关于发布〈享受车船税减免优惠的节约能源　使用新能源汽车车型目录〉（第十五批）的公告》

（工业和信息化部　国家税务总局公告　2020 年第 18 号）

根据《财政部　税务总局　工业和信息化部　交通运输部关于节能新能源车船享受车船税优惠政策的通知》（财税〔2018〕74 号）要求，工业和信息化部会同国家税务总局对企业提交的申请材料进行了审查，确定了《享受车船税减免优惠的节约能源　使用新能源汽车车型目录》（第十五批）》，现予以公告。

附件：享受车船税减免优惠的节约能源　使用新能源汽车车型目录（第十五批）

工业和信息化部
国家税务总局
2020 年 4 月 24 日

8.《享受车船税减免优惠的节约能源　使用新能源汽车车型目录（第十六批）》

（工业和信息化部　国家税务总局公告　2020年第24号）

根据《财政部　税务总局　工业和信息化部　交通运输部关于节能新能源车船享受车船税优惠政策的通知》（财税〔2018〕74号）要求，工业和信息化部会同国家税务总局对企业提交的申请材料进行了审查，确定了《享受车船税减免优惠的节约能源使用新能源汽车车型目录》（第十六批）和《汽车生产企业名称变更名单》，现予以公告。

附件：1. 享受车船税减免优惠的节约能源　使用新能源汽车车型目录（第十六批）

2. 汽车生产企业名称变更名单

工业和信息化部

国家税务总局

2020年6月5日

9. 《国务院办公厅关于印发新能源汽车产业发展规划（2021—2035 年）的通知》

（国办发〔2020〕39 号）

各省、自治区、直辖市人民政府，国务院各部委、各直属机构：

《新能源汽车产业发展规划（2021—2035 年）》已经国务院同意，现印发给你们，请认真贯彻执行。

国务院办公厅

2020 年 10 月 20 日

新能源汽车产业发展规划（2021—2035 年）

发展新能源汽车是我国从汽车大国迈向汽车强国的必由之路，是应对气候变化、推动绿色发展的战略举措。2012 年国务院发布《节能与新能源汽车产业发展规划（2012—2020 年）》以来，我国坚持纯电驱动战略取向，新能源汽车产业发展取得了巨大成就，成为世界汽车产业发展转型的重要力量之一。与此同时，我国新能源汽车发展也面临核心技术创新能力不强、质量保障体系有待完善、基础设施建设仍显滞后、产业生态尚不健全、市场竞争日益加剧等问题。为推动新能源汽车产业高质量发展，加快建设汽车强国，制定本规划。

第一章 发展趋势

第一节 新能源汽车为世界经济发展注入新动能

当前，全球新一轮科技革命和产业变革蓬勃发展，汽车与能源、交通、信息通信等领域有关技术加速融合，电动化、网联化、智能化成为汽车产业的发展潮流和趋势。新能源汽车融汇新能源、新材料和互联网、大数据、人工智能等多种变革性技术，推动汽车从单纯交通工具向移动智能终端、储能单元和数字空间转变，带动能源、交通、信息通信基础设施改造升级，促进能源消费结构优化、交通体系和城市运行智能化水平提升，对建设清洁美丽世界、构建人类命运共同体具有重要意义。近年来，世界主要汽车大国纷纷加强战略谋划、强化政策支持，跨国汽车企业加大研发投入、完善产业布局，新能源汽车已成为全球汽车产业转型发展的主要方向和促进世界经济持续增长的重要引擎。

第二节 我国新能源汽车进入加速发展新阶段

汽车产品形态、交通出行模式、能源消费结构和社会运行方式正在发生深刻变革，为新能源汽车产业提供了前所未有的发展机遇。经过多年持续努力，我国新能源汽车产业技术水平显著提升、产业体系日趋完善、企业竞争力大幅增强，2015 年以来产销量、保有量连续五年居世界首位，产业进入叠加交汇、融合发展新阶段。必须抢抓战略机遇，巩固良好势头，充分发挥基础设施、信息通信等领域优势，不断提升产业核心竞争力，推动新能源汽车产业高质量可持续发展。

第三节 融合开放成为新能源汽车发展的新特征

随着汽车动力来源、生产运行方式、消费使用模式全面变革，新能源汽车产业生态正由零部件、整车研发生产及营销服务企业之间的“链式关系”，逐步演变成汽车、能源、交通、信息通信等多领域多主体参与的“网状生态”。相互赋能、协同发展成为各类市场主体发展壮大的内在需求，跨行业、跨领域融合创新和更加开放包容的国际合作成为新能源汽车产业发展的时代特征，极大地增强了产业发展动力，激发了市场活力，推动形成互融共生、合作共赢的产业发展新格局。

第二章 总体部署

第一节 总体思路

以习近平新时代中国特色社会主义思想为指引，坚持创新、协调、绿色、开放、共享的发展理念，以深化供给侧结构性改革为主线，坚持电动化、网联化、智能化发展方向，深入实施发展新能源汽车国家战略，以融合创新为重点，突破关键核心技术，提升产业基础能力，构建新型产业生态，完善基础设施体系，优化产业发展环境，推动我国新能源汽车产业高质量可持续发展，加快建设汽车强国。

第二节 基本原则

市场主导。充分发挥市场在资源配置中的决定性作用，强化企业在技术路线选择、生产服务体系建设等方面的主体地位；更好地发挥政府在战略规划引导、标准法规制定、质量安全监管、市场秩序维护、绿色消费引导等方面作用，为产业发展营造良好环境。

创新驱动。深入实施创新驱动发展战略，建立以企业为主体、市场为导向、产学研用协同的技术创新体系，完善激励和保护创新的制度环境，鼓励多种技术路线并行发展，支持各类主体合力攻克关键核心技术、加大商业模式创新力度，形成新型产业创新生态。

协调推进。完善横向协同、纵向贯通的协调推进机制，促进新能源汽车与能源、交通、信息通信深度融合，统筹推进技术研发、标准制定、推广应用和基础设施建设，把超大规模市场优势转化为产业优势。

开放发展。践行开放融通、互利共赢的合作观，扩大高水平对外开放，以开放促改革、促发展、促创新；坚持“引进来”与“走出去”相结合，加强国际合作，积极参与国际竞争，培育新能源汽车产业新优势，深度融入全球产业链和价值链体系。

第三节　发展愿景

到 2025 年，我国新能源汽车市场竞争力明显增强，动力电池、驱动电机、车用操作系统等关键技术取得重大突破，安全水平全面提升。纯电动乘用车新车平均电耗降至 12.0 千瓦时/百公里，新能源汽车新车销售量达到汽车新车销售总量的 20%左右，高度自动驾驶汽车实现限定区域和特定场景商业化应用，充换电服务便利性显著提高。

力争经过 15 年的持续努力，我国新能源汽车核心技术达到国际先进水平，质量品牌具备较强国际竞争力。纯电动汽车成为新销售车辆的主流，公共领域用车全面电动化，燃料电池汽车实现商业化应用，高度自动驾驶汽车实现规模化应用，充换电服务网络便捷高效，氢燃料供给体系建设稳步推进，有效促进节能减排水平和社会运行效率的提升。

第三章　提高技术创新能力

第一节　深化“三纵三横”研发布局

强化整车集成技术创新。以纯电动汽车、插电式混合动力（含增程式）汽车、燃料电池汽车为“三纵”，布局整车技术创新链。研发新一代模块化高性能整车平台，攻关纯电动汽车底盘一体化设计、多能源动力系统集成技术，突破整车智能能量管理控制、轻量化、低摩阻等共性节能技术，提升电池管理、充电连接、结构设计等安全技术水平，提高新能源汽车整车综合性能。

提升产业基础能力。以动力电池与管理系统、驱动电机与电力电子、网联化与智能化技术为“三横”，构建关键零部件技术供给体系。开展先进模块化动力电池与燃料电池系统技术攻关，探索新一代车用电机驱动系统解决方案，加强智能网联汽车关键零部件及系统开发，突破计算和控制基础平台技术、氢燃料电池汽车应用支撑技术等瓶颈，提升基础关键技术、先进基础工艺、基础核心零部件、关键基础材料等研发能力。

专栏 1　新能源汽车核心技术攻关工程

实施电池技术突破行动。开展正负极材料、电解液、隔膜、膜电极等关键核心技术研究，加强高强度、轻量化、高安全、低成本、长寿命的动力电池和燃料电池系统短板技术攻关，加快固态动力电池技术研发及产业化。

实施智能网联技术创新工程。以新能源汽车为智能网联技术率先应用的载体，支持企业跨界协同，研发复杂环境融合感知、智能网联决策与控制、信息物理系统架构设计等关键技术，突破车载智能计算平台、高精度地图与定位、车辆与车外其他设备间的无线通信（V2X）、线控执行系统等核心技术和产品。

实施新能源汽车基础技术提升工程。突破车规级芯片、车用操作系统、新型电子电气架构、高效高密度驱动电机系统等关键技术和产品，攻克氢能储运、加氢站、车载储氢等氢燃料电池汽车应用支撑技术。支持基础元器件、关键生产装备、高端试验仪器、开发工具、高性能自动检测设备等基础共性技术研发创新，攻关新能源汽车智能制造海量异构数据组织分析、可重构柔性制造系统集成控制等关键技术，开展高性能铝镁合金、纤维增强复合材料、低成本稀土永磁材料等关键材料产业化应用。

第二节　加快建设共性技术创新平台

建立健全龙头企业、国家重点实验室、国家制造业创新中心联合研发攻关机制，聚焦核心工艺、专用材料、关键零部件、制造装备等短板弱项，从不同技术路径积极探索，提高关键共性技术供给能力。引导汽车、能源、交通、信息通信等跨领域合作，建立面向未来出行的新能源汽车与智慧能源、智能交通融合创新平台，联合攻关基础交叉关键技术，提升新能源汽车及关联产业融合创新能力。

第三节　提升行业公共服务能力

依托行业协会、创新中心等机构统筹推进各类创新服务平台共建共享，提高技术转移、信息服务、人才培训、项目融资、国际交流等公共服务支撑能力。应用虚拟现实、大数据、人工智能等技术，建立汽车电动化、网联化、智能化虚拟仿真和测试验证平台，提升整车、关键零部件的计量测试、性能评价与检测认证能力。

第四章　构建新型产业生态

第一节　支持生态主导型企业发展

鼓励新能源汽车、能源、交通、信息通信等领域企业跨界协同，围绕多元化生产与多样化应用需求，通过开放合作和利益共享，打造涵盖解决方案、研发生产、使用保障、运营服务等产业链关键环节的生态主导型企业。在产业基础好、创新要素集聚的地区，发挥龙头企业带动作用，培育若干上下游协同创新、大中小企业融通发展、具有国际影响力和竞争力的新能源汽车产业集群，提升产业链现代化水平。

第二节　促进关键系统创新应用

加快车用操作系统开发应用。以整车企业需求为牵引，发挥龙头企业、国家制造业创新中心等创新平台作用，坚持软硬协同攻关，集中开发车用操作系统。围绕车用操作系统，构建整车、关键零部件、基础数据与软件等领域市场主体深度合作的开发与应用生态。通过产品快速迭代，扩大用户规模，加快车用操作系统产业化应用。

专栏 2　车用操作系统生态建设行动

适应新能源汽车智能化应用需求，鼓励整车及零部件、互联网、电子信息、通信等领域企业组成联盟，以车用操作系统开发与应用为核心，通过迭代升级，提升操作系统与应用程序的安全性、可靠性、便利性，扩大应用规模，形成开放共享、协同演进的良好生态。

推动动力电池全价值链发展。鼓励企业提高锂、镍、钴、铂等关键资源保障能力。建立健全动力电池模块化标准体系，加快突破关键制造装备，提高工艺水平和生产效率。完善动力电池回收、梯级利用和再资源化的循环利用体系，鼓励共建共用回收渠道。建立健全动力电池运输仓储、维修保养、安全检验、退役退出、回收利用等环节管理制度，加强全生命周期监管。

专栏3 建设动力电池高效循环利用体系

立足新能源汽车可持续发展，落实生产者责任延伸制度，加强新能源汽车动力电池溯源管理平台建设，实现动力电池全生命周期可追溯。支持动力电池梯次产品在储能、备能、充换电等领域创新应用，加强余能检测、残值评估、重组利用、安全管理等技术研发。优化再生利用产业布局，推动报废动力电池有价元素高效提取，促进产业资源化、高值化、绿色化发展。

第三节 提升智能制造水平

推进智能化技术在新能源汽车研发设计、生产制造、仓储物流、经营管理、售后服务等关键环节的深度应用。加快新能源汽车智能制造仿真、管理、控制等核心工业软件开发和集成，开展智能工厂、数字化车间应用示范。加快产品全生命周期协同管理系统推广应用，支持设计、制造、服务一体化示范平台建设，提升新能源汽车全产业链智能化水平。

第四节　强化质量安全保障

推进质量品牌建设。开展新能源汽车产品质量提升行动，引导企业加强设计、制造、测试验证等全过程可靠性技术开发应用，充分利用互联网、大数据、区块链等先进技术，健全产品全生命周期质量控制和追溯机制。引导企业强化品牌发展战略，以提升质量和服务水平为重点，加强品牌建设。

健全安全保障体系。落实企业负责、政府监管、行业自律、社会监督相结合的安全生产机制。强化企业对产品安全的主体责任，落实生产者责任延伸制度，加强对整车及动力电池、电控等关键系统的质量安全管理、安全状态监测和维修保养检测。健全新能源汽车整车、零部件以及维修保养检测、充换电等安全标准和法规制度，加强安全生产监督管理和新能源汽车安全召回管理。鼓励行业组织加强技术交流，梳理总结经验，指导企业不断提升安全水平。

第五章　推动产业融合发展

第一节　推动新能源汽车与能源融合发展

加强新能源汽车与电网（V2G）能量互动。加强高循环寿命动力电池技术攻关，推动小功率直流化技术应用。鼓励地方开展 V2G 示范应用，统筹新能源汽车充放电、电力调度需求，综合运用峰谷电价、新能源汽车充电优惠等政策，实现新能源汽车与电网能量高效互动，降低新能源汽车用电成本，提高电网调峰调频、安全应急等响应能力。

促进新能源汽车与可再生能源高效协同。推动新能源汽车与气象、可再生能源电力预测预报系统信息共享与融合，统筹新能源汽车能源利用与风力发电、光伏发电协同调度，提升可再生能源应用比例。鼓励“光储充放”（分布式光伏发电—储能系统—充放电）多功能综合一体站建设。支持有条件的地区开展燃料电池汽车商业化示范运行。

第二节　推动新能源汽车与交通融合发展

发展一体化智慧出行服务。加快建设涵盖前端信息采集、边缘分布式计算、云端协同控制的新型智能交通管控系统。加快新能源汽车在分时租赁、城市公交、出租汽车、场地用车等领域的应用，优化公共服务领域新能源汽车使用环境。引导汽车生产企业和出行服务企业共建“一站式”服务平台，推进自动代客泊车技术发展及应用。

构建智能绿色物流运输体系。推动新能源汽车在城市配送、港口作业等领域应用，为新能源货车通行提供便利。发展“互联网+”高效物流，创新智慧物流营运模式，推广网络货运、挂车共享等新模式应用，打造安全高效的物流运输服务新业态。

第三节　推动新能源汽车与信息通信融合发展

推进以数据为纽带的“人—车—路—云”高效协同。基于汽车感知、交通管控、城市管理等信息，构建“人—车—路—云”多层数据融合与计算处理平台，开展特定场景、区域及道路的示范应用，促进新能源汽车与信息通信融合应用服务创新。

打造网络安全保障体系。健全新能源汽车网络安全管理制度，构建统一的汽车身份认证和安全信任体系，推动密码技术深入应用，加强车载信息系统、服务平台及关键电子零部件安全检测，强化新能源汽车数据分级分类和合规应用管理，完善风险评估、预警监测、应急响应机制，保障“车端—传输管网—云端”各环节信息安全。

第四节　加强标准对接与数据共享

建立新能源汽车与相关产业融合发展的综合标准体系，明确车用操作系统、车用基础地图、车桩信息共享、云控基础平台等技术接口标准。建立跨行业、跨领域的综合大数据平台，促进各类数据共建共享与互联互通。

专栏 4　智慧城市新能源汽车应用示范行动

开展智能有序充电、新能源汽车与可再生能源融合发展、城市基础设施与城际智能交通、异构多模式通信网络融合等综合示范，支持以智能网联汽车为载体的城市无人驾驶物流配送、市政环卫、快速公交系统（BRT）、自动代客泊车和特定场景示范应用。

第六章　完善基础设施体系

第一节　大力推动充换电网络建设

加快充换电基础设施建设。科学布局充换电基础设施，加强与城乡建设规划、电网规划及物业管理、城市停车等的统筹协调。依托“互联网+”智慧能源，提升智能化水平，积极推广智能有序慢充为主、应急快充为辅的居民区充电服务模式，加快形成适度超前、快充为主、慢充为辅的高速公路和城乡公共充电网络，鼓励开展换电模式应用，加强智能有序充电、大功率充电、无线充电等新型充电技术研发，提高充电便利性和产品可靠性。

提升充电基础设施服务水平。引导企业联合建立充电设施运营服务平台，实现互联互通、信息共享与统一结算。加强充电设备与配电系统安全监测预警等技术研发，规范无线充电设施电磁频谱使用，提高充电设施安全性、一致性、可靠性，提升服务保障水平。

鼓励商业模式创新。结合老旧小区改造、城市更新等工作，引导多方联合开展充电设施建设运营，支持居民区多车一桩、临近车位共享等合作模式发展。鼓励充电场站与商业地产相结合，建设停车充电一体化服务设施，提升公共场所充电服务能力，拓展增值服务。完善充电设施保险制度，降低企业运营和用户使用风险。

第二节　协调推动智能路网设施建设

推进新一代无线通信网络建设，加快基于蜂窝通信技术的车辆与车外其他设备间的无线通信（C—V2X）标准制定和技术升级。推进交通标志标识等道路基础设施数字化改造升级，加强交通信号灯、交通标志标线、通信设施、智能路侧设备、车载终端之间的智能互联，推进城市道路基础设施智能化建设改造相关标准制定和管理平台建设。加快差分基站建设，推动北斗等卫星导航系统在高精度定位领域应用。

第三节　有序推进氢燃料供给体系建设

提高氢燃料制储运经济性。因地制宜开展工业副产氢及可再生能源制氢技术应用，加快推进先进适用储氢材料产业化。开展高压气态、深冷气态、低温液态及固态等多种形式储运技术示范应用，探索建设氢燃料运输管道，逐步降低氢燃料储运成本。健全氢燃料制储运、加注等标准体系。加强氢燃料安全研究，强化全链条安全监管。

推进加氢基础设施建设。建立完善加氢基础设施的管理规范。引导企业根据氢燃料供给、消费需求等合理布局加氢基础设施，提升安全运行水平。支持利用现有场地和设施，开展油、气、氢、电综合供给服务。

专栏5　建设智能基础设施服务平台

统筹充换电技术和接口、加氢技术和接口、车用储氢装置、车用通信协议、智能化道路建设、数据传输与结算等标准的制修订，构建基础设施互联互通标准体系。引导企业建设智能基础设施、高精度动态地图、云控基础数据等服务平台，开展充换电、加氢、智能交通等综合服务试点示范，实现基础设施的互联互通和智能管理。

第七章　深化开放合作

第一节　扩大开放和交流合作

加强与国际通行经贸规则对接，全面实行准入前国民待遇加负面清单管理制度，对新能源市场主体一视同仁，建设市场化、法治化、国际化营商环境。发挥多双边合作机制、高层对话机制作用，支持国内外企业、科研院所、行业机构开展研发设计、贸易投资、基础设施、技术标准、人才培训等领域的交流合作。积极参与国际规则和标准制定，促进形成开放、透明、包容的新能源汽车国际化市场环境，打造国际合作新平台，增添共同发展新动力。

第二节　加快融入全球价值链

引导企业制定国际化发展战略，不断提高国际竞争能力，加大国际市场开拓力度，推动产业合作由生产制造环节向技术研发、市场营销等全链条延伸。鼓励企业充分利用境内外资金，建立国际化消费信贷体系。支持企业建立国际营销服务网络，在重点市场共建海外仓储和售后服务中心等服务平台。健全法律咨询、检测认证、人才培训等服务保障体系，引导企业规范海外经营行为，提升合规管理水平。

第八章　保障措施

第一节　深化行业管理改革

深入推进“放管服”改革，进一步放宽市场准入，实施包容审慎监管，促进新业态、新模式健康有序发展。完善企业平均燃料消耗量与新能源汽车积分并行管理办法，有效承接财政补贴政策，研究建立与碳交易市场衔接机制。加强事中事后监管，夯实地方主体责任，遏制盲目上马新能源汽车整车制造项目等乱象。推动完善道路机动车辆生产管理相关法规，建立健全僵尸企业退出机制，加强企业准入条件保持情况监督检查，促进优胜劣汰。充分发挥市场机制作用，支持优势企业兼并重组、做大做强，进一步提高产业集中度。

第二节　健全政策法规体系

落实新能源汽车相关税收优惠政策，优化分类交通管理及金融服务等措施。推动充换电、加氢等基础设施科学布局、加快建设，对作为公共设施的充电桩建设给予财政支持。破除地方保护，建立统一开放公平市场体系。鼓励地方政府加大对公共服务、共享出行等领域车辆运营的支持力度，给予新能源汽车停车、充电等优惠政策。2021 年起，国家生态文明试验区、大气污染防治重点区域的公共领域新增或更新公交、出租、物流配送等车辆中新能源汽车比例不低于 80%。制定将新能源汽车研发投入纳入国有企业考核体系的具体办法。加快完善适应智能网联汽车发展要求的道路交通、事故责任、数据使用等政策法规。加快推动动力电池回收利用立法。

第三节　加强人才队伍建设

加快建立适应新能源汽车与相关产业融合发展需要的人才培养机制，编制行业紧缺人才目录，优化汽车电动化、网联化、智能化领域学科布局，引导高等院校、科研院所、企业加大国际化人才引进和培养力度。弘扬企业家精神与工匠精神，树立正向激励导向，实行股权、期权等多元化激励措施。

第四节　强化知识产权保护

深入实施国家知识产权战略，鼓励科研人员开发新能源汽车领域高价值核心知识产权成果。严格执行知识产权保护制度，加大对侵权行为的执法力度。构建新能源汽车知识产权运营服务体系，加强专利运用转化平台建设，建立互利共享、合作共赢的专利运营模式。

第五节　加强组织协同

充分发挥节能与新能源汽车产业发展部际联席会议制度和地方协调机制作用，强化部门协同和上下联动，制定年度工作计划和部门任务分工，加强新能源汽车与能源、交通、信息通信等行业在政策规划、标准法规等方面的统筹，抓紧抓实抓细规划确定的重大任务和重点工作。各有关部门要围绕规划目标任务，根据职能分工制定本部门工作计划和配套政策措施。各地区要结合本地实际切实抓好落实，优化产业布局，避免重复建设。行业组织要充分发挥连接企业与政府的桥梁作用，协调组建行业跨界交流协作平台。工业和信息化部要会同有关部门深入调查研究，加强跟踪指导，推动规划顺利实施。

附录五　其他税收

1．《财政部　税务总局　国家发展改革委关于延续西部大开发企业所得税政策的公告》

（财政部公告　2020 年第 23 号）

为贯彻落实党中央、国务院关于新时代推进西部大开发形成新格局有关精神，现将延续西部大开发企业所得税政策公告如下：

一、自 2021 年 1 月 1 日至 2030 年 12 月 31 日，对设在西部地区的鼓励类产业企业减按 15%的税率征收企业所得税。本条所称鼓励类产业企业是指以《西部地区鼓励类产业目录》中规定的产业项目为主营业务，且其主营业务收入占企业收入总额 60%以上的企业。

二、《西部地区鼓励类产业目录》由发展改革委牵头制定。该目录在本公告执行期限内修订的，自修订版实施之日起按新版本执行。

三、税务机关在后续管理中，不能准确判定企业主营业务是否属于国家鼓励类产业项目时，可提请发展改革等相关部门出具意见。对不符合税收优惠政策规定条件的，由税务机关按税收征收管理法及有关规定进行相应处理。具体办法由省级发展改革、税务部门另行制定。

四、本公告所称西部地区包括内蒙古自治区、广西壮族自治区、重庆市、四川省、贵州省、云南省、西藏自治区、陕西省、甘肃省、青海省、宁夏回族自治区、新疆维吾尔自治区和新疆生产建设兵团。湖南省湘西土家族苗族自治州、湖北省恩施土家族苗族自治州、吉林省延边朝鲜族自治州和江西省赣州市，可以比照西部地区的企业所得税政策执行。

五、本公告自2021年1月1日起执行。《财政部　海关总署　国家税务总局关于深入实施西部大开发战略有关税收政策问题的通知》（财税〔2011〕58号）、《财政部　海关总署　国家税务总局关于赣州市执行西部大开发税收政策问题的通知》（财税〔2013〕4号）中的企业所得税政策规定自2021年1月1日起停止执行。

特此公告。

财政部　税务总局　国家发展改革委

2020年4月23日

2. 《国务院关税税则委员会关于2020年进口暂定税率等调整方案的通知》

（税委会〔2019〕50号）

海关总署：

为优化贸易结构，推动经济高质量发展，根据《中华人民共和国进出口关税条例》的相关规定，自2020年1月1日起，对部分商品的进口关税进行调整，现将《2020年进口暂定税率等调整方案》印送你署，具体内容详见附件。

附件：2020年进口暂定税率等调整方案

国务院关税税则委员会

2019年12月18日

2020年进口暂定税率等调整方案

一、调整进口关税税率

（一）最惠国税率。

1. 自2020年1月1日起对859项商品（不含关税配额商品）实施进口暂定税率；自2020年7月1日起，取消7项信息技术产品进口暂定税率（见附表 1*）。

2. 对《中华人民共和国加入世界贸易组织关税减让表修正案》附表所列信息技术产品最惠国税率自 2020 年 7 月 1 日起实施第五步降税（见附表 2）。

（二）关税配额税率。

继续对小麦等 8 类商品实施关税配额管理，税率不变。其中，对尿素、复合肥、磷酸氢铵 3 种化肥的配额税率继续实施 1%的暂定税率。继续对配额外进口的一定数量棉花实施滑准税（见附表 3）。

（三）协定税率和特惠税率。

1. 根据我国与有关国家或地区签署的贸易协定或关税优惠安排，除此前已经国务院批准实施的协定税率外，自 2020 年 1 月 1 日起，对我国与新西兰、秘鲁、哥斯达黎加、瑞士、冰岛、新加坡、澳大利亚、韩国、智利、格鲁吉亚、巴基斯坦的双边贸易协定以及亚太贸易协定的协定税率进一步降低。2020 年 7 月 1 日起，按照我国与瑞士的双边贸易协定和亚太贸易协定规定，进一步降低有关协定税率（见附表 5）。

当最惠国税率低于或等于协定税率时，协定有规定的，按相关协定的规定执行；协定无规定的，二者从低适用。

2. 除赤道几内亚外，对与我建交并完成换文手续的其他最不发达国家继续实施特惠税率。自 2020 年 1 月 1 日起，赤道几内亚停止享受零关税特惠待遇。

二、出口关税税率

自 2020 年 1 月 1 日起继续对铬铁等 107 项商品征收出口关税，适用出口税率或出口暂定税率，征收商品范围和税率维持不变（见附表 4）。

---

* 注：附表略，下同。

三、有关实施时间

以上方案，除另有规定外，自 2020 年 1 月 1 日起实施。

附表：1. 进口商品暂定税率表

2. 部分信息技术产品最惠国税率表

3. 关税配额商品税目税率表

4. 出口商品税率表

5. 进一步降税的进口商品协定税率表

3. 《国务院关税税则委员会关于2021年关税调整方案的通知》

（税委会〔2020〕33号）

海关总署：

为支持加快构建新发展格局，推动经济高质量发展，根据《中华人民共和国进出口关税条例》的相关规定，自2021年1月1日起，对部分商品的进口关税进行调整，现将《2021年关税调整方案》印送你署，具体内容见附件。

附件：2021年关税调整方案

国务院关税税则委员会

2020年12月21日

附件

2021年关税调整方案

一、调整进口关税税率

（一）最惠国税率。

1. 自2021年1月1日起对883项商品（不含关税配额商品）实施进口暂定税率；自2021年7月1日起，取消9项信息技术产品进口暂定税率（附表 1）。

2. 对《中华人民共和国加入世界贸易组织关税减让表修正案》附表所列信息技术产品最惠国税率自 2021 年 7 月 1 日起实施第六步降税（附表 2）。

（二）关税配额税率。

继续对小麦等 8 类商品实施关税配额管理，配额税率不变。其中，对尿素、复合肥、磷酸氢铵 3 种化肥的配额税率继续实施 1%的暂定税率。继续对配额外进口的一定数量棉花实施滑准税，并进行适当调整（附表 3）。

（三）协定税率和特惠税率。

1. 根据我国与有关国家或地区签署的贸易协定或关税优惠安排，除此前已经国务院批准实施到位的协定税率外，自 2021 年 1 月 1 日起，对中国与新西兰、秘鲁、哥斯达黎加、瑞士、冰岛、澳大利亚、韩国、智利、格鲁吉亚、巴基斯坦的双边贸易协定和亚太贸易协定的协定税率进一步下调，其中，原产于蒙古的部分进口商品自 2021 年 1 月 1 日起适用亚太贸易协定税率。2021 年 7 月 1 日起，按照中国与瑞士的双边贸易协定和亚太贸易协定规定，进一步降低有关协定税率（附表 7）。

2. 根据《中华人民共和国政府和毛里求斯共和国政府自由贸易协定》，自 2021 年 1 月 1 日起，对原产于毛里求斯的部分商品实施协定第一年税率（附表 3、附表 7）。

3. 当最惠国税率低于或等于协定税率时，协定有规定的，按相关协定的规定执行；协定无规定的，二者从低适用。

4. 继续对与我建交并完成换文手续的最不发达国家实施特惠税率，适用商品范围和税率维持不变。

二、继续实施现行出口关税税率

自 2021 年 1 月 1 日起继续对铬铁等 107 项商品征收出口关税，适用出口税率或出口暂定税率，征收商品范围和税率维持不变（附表 4）。

三、调整税则税目及注释

为满足产业发展和贸易管理需要，对部分税目、注释进行调整（附表 5、附表 6）。经调整后，2021 年税则税目数共计 8 580 个。

四、有关实施时间

以上方案，除另有规定外，自 2021 年 1 月 1 日起实施。

附表：1. 进口商品暂定税率表

2. 部分信息技术产品最惠国税率表

3. 关税配额商品税目税率表

4. 出口商品税率表

5. 进出口税则税目调整表

6. 进出口税则注释调整表

7. 进一步降税的相关协定进口商品协定税率表（另附）

参考文献

[1] 计金标. 绿色税制建设：高质量发展的重要保障[N]. 中国税务报，2021-01-20（B05）.

[2] 国家税务总局. 环保税助力绿色之路越走越宽　美丽中国越来越靓[EB/OL]. http：//www.chinatax.gov.cn/chinatax/n810341/n2340339/c5165770/content.html.2021-06-24/2021-07-27.

[3] 中国新闻网. 中国绿色税制效用在黄河流域显现[EB/OL]. https：//baijiahao.baidu.com/s？id=1687756762318623986&wfr=spider&for=pc. 2021-01-02/2021-05-17.

[4] 李传翠.绿色之路越走越宽 美丽中国越来越靓[N].中国税务报，2021-06-11（01）.

[5] 人民网. 从"被动减排"到"主动治污" 税收红利助力企业绿色转型[EB/OL]. http：//finance.people.com.cn/n1/2021/0613/c1004-32129510.html.2021-06-13/2021-07-27.

[6] 夏卫平，等. 江西：环保税以税治污效应日益显现[N]. 中国税务报，2021-01-25（5）.

[7] 傅志华，许文，程瑜. 仅靠碳交易难以实现"30•60"目标，开征碳税应成为重要政策选项[C]. 中国金融四十人论坛，2021.

[8] 丁日佳，丁文均. 基于制度分析与发展框架的环境保护税多元协同治理研究[J].税务研究，2020（7）：116-120.

[9] 刘伟，魏民.环保税申报：三个风险出现频率高[N].中国税务报，2020-07-14（4）.

[10] 王金南，葛察忠，秦昌波，等. 中国独立型环境税方案设计及其效应分析[J]. 中国环境管理，2015（4）：63-75，98.

[11] OECD. The Political Economy of Environmentally Related Taxes. OECD Publications，2006.

[12] Frank M，Gollop，et al. Environmental Regulations and Productivity Growth：The Case of Fossil-fueled Electric Power Generation[J]. Journal of Political Economy，1983.

[13] Gray W B，Shadbegian R J. Pollution Abatement Expenditures and Plant-level Productivity：A Production Function Approach[J]. Ecological Economics，2005，54（2-3）：196-208.

[14] 李霁友. 环保费改税对中国生态环境及经济发展的影响[J]. 管理世界，2017（3）：

170-171.

[15] Aldy，Joseph E. Frameworks for Evaluating Policy Approaches to Address the Competitiveness Concerns of Mitigating Greenhouse Gas Emissions[R]. Resources for the Future Discussion Paper 16-06，2016.

[16] Tang E，Liu F，Zhang J，et al. A Model to Analyze the Environmental Policy of Resource Reallocation and Pollution Control Based on Firms' Heterogeneity[J]. Resources Policy，2014，39：88-91.

[17] 金友良，谷钧仁，曾辉祥.“环保费改税”会影响企业绩效吗？[J].会计研究，2020（5）：117-133.

[18] 李惠娟，徐雯雯，张玉. 环境保护税及其对经济影响的研究——以江苏省为例[J]. 中国环境管理干部学院学报，2018，28（6）：6-9.

[19] Mardones C，C García. Effectiveness of CO_2 Taxes on Thermoelectric Power Plants and Industrial Plants[J]. Energy，2020，206.

[20] Prest B C，Krupnick A . How clean is “Refined Coal”？ An Empirical Assessment of a Billion-dollar Tax Credit - Science Direct[J]. Energy Economics，2020.

[21] Hamamoto，M. Environmental Regulation and the Productivity of Japanese Manufacturing Industries[J]. Resource Energy Economy，2006，28（2）：299-312.

[22] Sabah，Abdullah，Bruce，et al. Environmental Taxes and Economic Growth：Evidence from Panel Causality Tests[J]. Energy Economics，2014，42（3）：27-33.

[23] Gaigné C，Hovelaque V，Mechouar Y . Carbon Tax and Sustainable Facility Location：The Role of Production Technology[J]. International Journal. of Production Economics，2020，224.

[24] Yi Y，Wei Z，Fu C . An Optimal Combination of Emissions Tax and Green Innovation Subsidies for Polluting Oligopolies[J]. Journal of Cleaner Production，2020，284（3）：124693.

[25] 周文山，顾东晓. 环境保护政策、企业创新投入与企业绩效——基于中介效应检验模型的研究[J]. 湖北经济学院学报，2020，18（4）：92-100.

[26] 毕茜，于连超. 环境税的企业绿色投资效应研究——基于面板分位数回归的实证研究[J].

中国人口·资源与环境，2016，26（3）：76-82.
[27] 贺娜，李香菊. 企业异质性、环境保护税与技术创新——基于税制绿化视角的研究[J]. 税务研究，2018（3）：74-80.
[28] 张倩，曲世友. 环境规制下政府与企业环境行为的动态博弈与最优策略研究[J]. 预测，2013（4）：35-40.
[29] 蒋伏心，王竹君，白俊红. 环境规制对技术创新影响的双重 效应[J]. 中国工业经济，2014（7）：44-55.
[30] Gilbert E. Metcalf. A Proposal for a U.S. Carbon Tax Swap：An Equitable Tax Reform to Address Global Climate Change[R]. Discussion Paper 2007-12，Hamilton Project，Brookings Institute，2007.
[31] Mardones，Cristian，Flores，et al. Effectiveness of a CO_2 Tax on Industrial Emissions[J]. Energy ECONOMICS，2018.
[32] Adamou A，Derides S，Zachariadis T . Trade-offs in CO_2-oriented Vehicle Tax Reforms：A Case Study of Greece[J]. Transportation Research Part D，2012，17（6）：451-456.
[33] 龙凤，杨琦佳，葛察忠，等. 环境保护税对企业经济负担的影响分析[J]. 环境保护，2018，v.46；No.629（Z1）：84-87.
[34] 林思宇，石磊，马中，等. 环境税对高污染行业的影响研究——以湖南邵阳高 COD 排放行业为例[J]. 长江流域资源与环境，2018.
[35] 林琦，杨海真.我国环保税和排污权交易制度协同发展研究[J].现代商贸工业，2018，39（10）：152-154.
[36] Jorgenson D W，Wilcoxen P J. Environmental Regulation and Economic Growth[J]. Rand Journal of Economics，1990，21（2）：314-340.
[37] Greenstone M. The Impacts of Environmental Regulation on Industrial Activity：Evidence from the 1970 and 1977 Clean Air Act Amendments and the Census of Manufactures[J]. Journal of Political Economy，2002，110（6）：1175-1219.
[38] Cropper M L，Oates W E. Environmental Economics：A Survey [J]. Journal of Economics Literature，1992，30（2）：675-740.
[39] 秦昌波，王金南，葛察忠，等. 征收环境税对经济和污染排放的影响[J]. 中国人口·资

源与环境，2015，25（1）：17-23.

[40] 罗党论，唐清泉. 中国民营上市公司制度环境与绩效问题研究[J].经济研究，2009，44（2）：106-118.

[41] 沈坤荣，金刚. 中国地方政府环境治理的政策效应——基于“河长制”演进的研究[J]. 中国社会科学，2018（5）：92-115，206.

[42] 唐国平，倪娟，何如桢. 地区经济发展、企业环保投资与企业价值——以湖北省上市公司为例[J]. 湖北社会科学，2018（6）：93-99.

[43] Wu S，Palm-Forster L H，Messer K D . Impact of Peer Comparisons and Firm Heterogeneity on Nonpoint Source Water Pollution：An Experimental Study[J]. Resource and Energy Economics，2020：101142.

[44] 潘文琦，芮晓东. 基于 CGE 模拟环境税征收对化工产业影响的地区差异——以苏豫两省为例[J]. 中国林业经济，2019（5）：13-17.

[45] 张文静，马喜立. 以环境税治理雾霾的减排效果及减排成本——基于动态多区域 CGE 模型[J]. 北京理工大学学报（社会科学版），2020，22（3）：36-47.

[46] 张平淡，朱松，朱艳春. 中国环保投资的技术溢出效应——基于省级面板数据的实证分析[J]. 北京师范大学学报（社会科学版），2012（3）：126-133.

[47] 刘天永. 《资源税法》的主要变化和利好值得关注[N]. 财会信报，2020-11-16（B04）.

[48] 肖伊. 资源税改革历程及立法意义[J].湖南税务高等专科学校学报，2020，33（5）：55-59.

[49] 赵鹏迪. 资源税改革问题研究[J].现代商业，2020（3）：162-163.

[50] 周泰研究院，周泰全球能源矿冶法律服务团队. 资源税法的前世今生[N]. 中国矿业报，2020-08-31（2）.

[51] 李晓. 关于试点改革后全面推广水资源税的探析[C]. 吉林省财政科学研究所. 财金观察（2020 年第 1 辑）[C]. 2020：254-259.

[52] 肖娇. 我国水资源税试点改革研究[D]. 南昌：江西财经大学，2020.

[53] 倪娟，王帆，唐国平. 水资源税试点地区经验及全面推广对策研究[J]. 税务研究，2019（7）：33-38.

[54] 姚林香. 国外资源税费制度经验与启示[J]. 社会科学家，2017（1）：51-57.

[55] 沈志远. 国外资源税收改革的经验分析及启示[J]. 对外经贸实务，2017（10）：93-96.

[56] 高桂林，杨雪婧. 中国《资源税法》立法分析[J]. 税务研究，2020（8）：79-84.
[57] 吕俊杰. 水资源税费改革的国外经验借鉴与政策构想[J]. 水利技术监督，2020（2）：81-84.
[58] 付耀辉. 供给侧改革背景下中国资源税制研究[J]. 山西农经，2020（10）：164-165.
[59] 贺娜妮. 资源税征税范围研究[D]. 重庆：重庆大学，2019.
[60] 周波，吕思锜. 资源税改革仍有待解决的三个基本问题[J]. 财经问题研究，2020（5）：74-81.
[61] 沈志远. 国外资源税收改革的经验分析及启示[J]. 对外经贸实务，2017（10）：93-96.
[62] 张宝. 水资源税的目的探究与制度完善[J]. 税务研究，2020（8）：43-48.
[63] 孙雪琪. 我国水资源税制度研究——基于河北省试点分析[J]. 中国市场，2020（29）：65-66.
[64] 徐瑶，华树春. 国外水资源税费实践对中国水资源税改革的经验借鉴[J]. 世界农业，2018（12）：27-30.
[65] 叶盛基. 我国汽车产业税费体系调整与改革刻不容缓[N]. 中国汽车报，2021-07-13.
[66] 武钰. 绿色发展理念下我国小汽车消费税改革研究[C]. 吉林省财政科学研究所. 财金观察（2020 年第 2 辑），2020：110-116.
[67] 李贞，徐祥升，李璐. 新能源汽车产业财税激励政策调研报告[J]. 中国市场，2020，4（26）：197-198.
[68] 叶盛基. 我国汽车产业税费体系调整与改革刻不容缓[N]. 中国汽车报，2021-07-13.
[69] 于佳曦，司言武. 我国资源综合利用税收优惠政策效果评估[J]. 税务研究，2018（11）：20-24.
[70] 解洪涛，张建顺. 资源综合利用税收优惠政策效果再评估——基于税源调查数据的实证分析[J]. 当代财经，2020（3）：38-49.
[71] 吴庆梅. 环保行业企业所得税优惠政策的应用分析[J]. 纳税，2020，14（34）：26-27.
[72] 陈菁菁. 污染者付费、专业化治理——江苏无锡培育完善第三方治理污染新模式[N]. 无锡日报，2021-02-20.
[73] 宿宇，董战峰. 深化工业园区环境污染第三方治理改革的重点方向[J]. 环境保护，2020，48（20）：56-59.

[74] 许轲名. 可持续发展视角下我国绿色税收问题探究[J]. 财会通讯，2019（35）：117-120.

[75] 赵云皓，辛璐等. 政策固然有，用的好不好[N]. 中国环境报，2019-04-08.

[76] 薛建兰，王娟. 民营企业环保责任税收激励法律问题研究——以资源综合利用企业所得税优惠为例[J]. 经济问题，2020（2）：50-57.

[77] 王世汶，杨亮，常杪，等. 进一步推进工业园区污染第三方治理[J]. 中国发展观察，2021（2）：32-35.

[78] 龙凤，林菲，毕粉粉，等. 促进危险废物利用处置的税收政策研究[J]. 税务研究，2020（11）：46-51.

[79] 陈晓彤. 从民法典“绿色原则”看关税制度“绿色化”的必要性与可行性[A]//上海市法学会. 上海市法学会财税法学研究会文集[C].《上海法学研究》集刊（2020 年第 21 卷总第 45 卷）. 上海市法学会，2020：7.